徐志摩 陆小曼

情书全集

【图文珍藏本】

徐志摩 陆小曼 ●著

陈漱渝 张瑞霞 审校／整理

中国青年出版社

图书在版编目（CIP）数据

徐志摩陆小曼情书全集：图文珍藏本／徐志摩，陆小曼著；陈漱渝，张瑞霞审校、整理.
—北京：中国青年出版社，2019.9

ISBN 978-7-5153-5874-1

Ⅰ.①徐… Ⅱ.①徐…②陆…③陈…④张… Ⅲ.①徐志摩（1896–1931)—书信集
Ⅳ.①K825.6

中国版本图书馆 CIP 数据核字（2019）第 245574号

书　　名：徐志摩陆小曼情书全集（图文珍藏本）
著　　者：徐志摩　陆小曼
审校整理：陈漱渝　张瑞霞
责任编辑：庄　庸　陈　静
助理编辑：张佳莹
特约策划：庄锋妹
特约编辑：于晓娟
出版发行：中国青年出版社
社　　址：北京东四十二条 21号
邮　　编：100708
网　　址：www.cyp.com.cn
门 市 部：(010)57350370
印　　刷：北京中科印刷有限公司
经　　销：新华书店

开　　本：787mm×1092mm　1/16
插　　页：1
印　　张：19.75
字　　数：350千字
版　　次：2020年1月北京第1版
印　　次：2020年1月北京第1次印刷
印　　数：0,001~5,000册
定　　价：78.00元

本图书如有印装质量问题,请凭购书发票与质检部联系调换。

联系电话：(010)57350337

徐志摩（1896~1931）

陆小曼（1903~1965）

徐志摩陆小曼结婚照。1926 年 10 月，他们在北海公园举办婚礼。

徐志摩留美时寄给父母的照片

徐志摩在英国剑桥大学的照片

一定不写了，他爱回来又回不来，他老远巴巴的又来看我回来的，我还要写些废，没有话了，我此此苦恼，我两天来的日记，以后再写不出叫何见人了，我的命苦到这样，不写了！他回来吧－我一定好……的。（今天写遍）九月九日 他

我看这日记眼里闹闹了好我回……真是无价的爱，你把你的心这样不含糊的吐露

陆小曼日记之末一页，后两行为徐志摩回国后所书。

徐志摩和陆小曼婚后度蜜月期间的合影

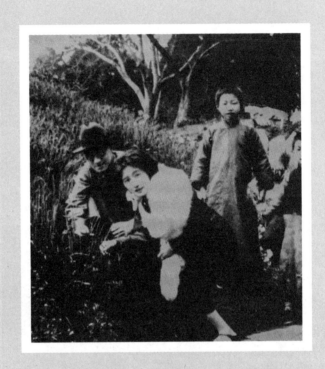

婚后，徐志摩陆小曼郊游照

山圍故國周遭在
潮打空城寂寞回
淮水東邊舊時月
夜深猶過女牆來
黃狗

徐志摩用黄狗笔名自题诗

徐志摩题陆小曼绘画

徐志摩题陆小曼画山水图

陆小曼致徐志摩亲属陈从周信，将《徐志摩全集》的一份样本和自己的山水手卷等物一并交给他保存。后来陈把《全集》捐给了北京图书馆，把手卷移交给浙江博物馆。

目 录

第贰章
志摩书信 /107

第叁章
小曼日记 / 179

第肆章
眉轩琐语 /229

序　言

开辟鸿蒙，谁为情种

——重读《爱眉小扎》①

陈漱渝

一、破题

"开辟鸿蒙，谁为情种？都只为风月情浓。趁着这奈何天、伤怀日、寂寥时，试遣愚衷。"这是记忆中《红楼梦》开篇中的几句话。在普天下的"情种"当中，"作家"当是一个特殊群体，"作家"中的"诗人"更甚。创作根于爱，诗人情更浓，因为他们常常把恋人等同于诗歌中的一种迷人的意象，向他们投以执着专注的目光，把瀑布般飞流直下的情感倾荡在抒情对象身上。在我们熟悉的外国作家当中，俄国的普希金，法国的波德莱尔，德国的歌德、海涅，英国的彭斯、拜伦、济慈、雪莱，莫不如此。他们不仅为读者留下了一批经典作品，他们的情书也成为了文学领域一道靓丽的风景线。

在中国现代，有一位堪称"情种"的诗人徐志摩。笔者无意在此文当中对其艺术成就进行全面评价，只是想说，他虽然并非中国新诗的首倡者和奠基人，但中国新诗在他的笔下才趋于成熟。徐志摩还留下了一批其他体裁的作品，其中就包括情书集《爱眉小扎》。这本书由上海良友图书印刷公司印行时，书名下赫然印着"徐志摩遗作"五个大字。但只要阅读这本书的内容，就知道其作者还包括诗人的妻子陆小曼女士，书中的《序》和《小曼日记》就出自陆小曼的手笔。如果按照当今的出版规定，这本书原本还应该印上"陆小曼选编"的字样。徐陆热恋之时，情书就成为了心灵的使者和表达情感的有效方式。对于任何情人来说，书写情书都不是一件困难的事情。然而，要写出像《两地书》那种"伟大的情书"却难上加难。

坦诚地说，《爱眉小扎》称不上是"伟大的情书"，也不宜作为"人生的教科书"来读，但它却是中国现代文学史上一部风格独具的散文集。对于研究著名作家徐志摩的生平还是一项非读不可的史料。当然，也不排除有些读者会把它当做"绯闻"和"八卦"来读。这是一种无法强求一律的事情。见仁见智，这是阅读史和接受史上的一种普遍现象。

二、《爱眉小扎》的版本情况

《爱眉小扎》是中国现代出版史上的一本畅销书，版本流传的情况比较复杂。据笔者所知，至少有五种版本：

1. 上海良友图书印刷公司 1936 年 3 月初版，同年 7 月再版。作为良友文学丛书之二十四发行，两次共印五千册。该书出版人、徐志摩的学生赵家璧在《良友》杂志第 114 期撰文介绍说：

徐志摩先生是一个最热情的诗人，他把恋爱生活看做生命中最重要的一部分，而他和他的夫人陆小曼女士的恋爱事件，更是文坛上所熟知的韵事。他们在未结婚时，徐志摩先生曾写了一部日记，题名"爱眉小扎"，是写来给小曼女士看的。从一九二五年的八月九日写到九月十七日，虽然只有四十多天时光，但是第一个日子正是他们俩发现"幸福还不是不可能"的日子，而最后一天的日记，正是作者经过了一个多月来的挣扎，自认为跌入失恋之渊而绝弃这本日记向欧洲去游学的一天；所以这本日记本身中故事的历程是一幕有头有尾的悲剧。作者所写散文的美丽，已毋庸赘述，这里更能使读者神往。另有作者到欧洲去后写给小曼女士的情书数十封，与日记中的故事相互关连。末附陆小曼女士所作的恋爱日记一部，写她和诗人初恋的情形，与"爱眉小扎"前后呼应。小曼女士写得一手流利的散文，风格笔调，极受志摩先生的影响。

志摩先生这本日记生前随时带在身畔，视作生平至宝。四年前他不幸在党家庄飞机遇难，当时这本日记也从云中跌入山谷，后来几经周折，才安然地归还到小曼女士的手中。今年适值志摩先生四十周年祭，这本书正在这时出版，爱读志摩先生诗文的人，也可把它当作一个纪念品看。

本书除了收入志摩上述日记之外，还增收了徐志摩 1925 年 3 月 3 日至 5 月 27 日致陆小曼信十一封和陆小曼 1925 年 3 月 11 日至 7 月 11 日所写的《小曼日记》。书前有陆小曼的《序》，书中还有徐陆二人的像和婚后合影、徐志摩《爱眉小扎》题眉、手迹和陆小曼日记手迹插图数帧。铅排本小 32 开布面精装，配以精美护封，素雅大方。

2.《爱眉小扎》的普及本，1939 年 4 月出版，1940 年 1 月再版。赵家璧又为此写了广告（载《良友》第 141 期，1939 年 4 月 15 日），文字如下：

本书为诗人徐志摩生前写给陆小曼女士看的一本日记，日记本身中故事的历程，正如一幕有头有尾的悲剧。精装本一星期即售完。日记后并有情书数十封，末附陆小曼女士所写她与诗人初恋时的日记一部，与爱眉小扎前后呼应。

3.《爱眉小扎》土纸版。1943 年 2 月良友复兴图书公司出版于桂林。"良友文学丛书本"中的所有照片和手迹插图全部取消，封面设计也作了相应的改动。书前增加了陆小曼写于 1942 年 12 月 15 日的《重排本序》。赵家璧再次为桂林版的《爱眉小扎》写了宣传广告，文字如下：

这是故诗人徐志摩先生生前写给陆小曼女士看的一本恋爱日记，写他与小曼由初恋到失恋的生活，一字一句都是呕血写成。是一幕有头有尾的悲剧。附有诗人的情书和写给小曼看的日记。

4.《爱眉小扎》增补本。1947 年 3 月由晨光出版公司作为"晨光文学丛书"第六种出版。此书除了收入"良友文学丛书本"中的《爱眉小扎》和《小曼日记》外，还收入了志摩的另两部日记《西湖记》和《眉轩琐语》，以及志摩友人泰戈尔、胡适等人题写的纪念册《一本没有颜色的书》，陆小曼又为此书新写了序文。赵家璧再次为该书撰写了宣传广告：

　　徐志摩生前所写未发表的日记两部《西湖记》和《眉轩琐语》，由陆小曼女士编辑发表，另附画辑三十余页，铜图彩色精印，均属作者生前好友和泰戈尔、胡适、闻一多、杨杏佛等二十余人亲笔所作之诗词及图画。真迹制版，名贵异常。《爱眉小扎》亦包含在本书之内。[②]

　　5.《爱眉小扎》"真迹手写本"。1936年1月上海良友图书公司出版，仅印一百本。书店为真迹手写本刊出了广告（载《良友》第115期），介绍了此版本的情况：

　　志摩先生之《爱眉小扎》，写在一本用北京连史纸订的线装薄上，字迹美丽，笔触清秀，而且因为在恋爱期中，喜怒哀乐的心绪不同，他的字迹，也因之而各异。现在我们商得陆小曼女士之同意，用真迹橡皮版影印一百部，作为纪念今年志摩先生的四十周年祭。敬献给特别爱好志摩先生的文章和手迹的人。影印本的大小、纸张、封面，版本完全和他的手写本相同，限印一百部，售完为止，决不再版。

　　1999年3月，上海古籍出版社按当年影印版的原始原貌，重印两千部，以飨读者。

　　6.此次中国青年出版社出版《爱眉小扎》（增订本），本书据良友原版的原文排校，增加了注释。在陆小曼1941年整理的《志摩日记》中增补了《眉轩琐语》，又搜集增加了若干对徐志摩婚前给陆小曼的书信，以陆小曼悼文《哭摩》作为附录。

　　鉴于徐志摩致林徽因书信基本未存，徐志摩致张幼仪函纯属家书，徐志摩跟凌叔华的关系基本上是文友关系，所以这些信件的全文或片段一律不收。徐志摩的《府中日记》、《留美日记》、《拾叶小札》均非情书，亦不收。

《眉轩琐语》写于 1926 年 8 月至 1927 年 4 月，是徐志摩与陆小曼婚后的部分日记，分别写于北京、上海和杭州。日记中虽然有一些同游共乐的内容，但更多的是显露出徐志摩心头的苦涩以及婚后生活的危机。除了陆小曼的身体让他发愁之外（"一天二十四小时，她没有小半天完全舒服，我没有小半天完全定心"），还涉及夫妻之间志趣的不同（见 1926 年 12 月 27 日日记）。徐志摩说，"爱是建设在相互的忍耐与牺牲上面的"，这句话背后隐含的纠结和痛苦不难体会。有人甚至认为他跟陆小曼婚后"都在堕落中"，徐志摩听到这句话虽然十分反感，但也反映了当时的一种舆论。徐志摩夫妇同游杭州的日记中出现了后来跟陆小曼同居的翁瑞午，这也不能视为一种好兆头。

三、《爱眉小札》文字跟手稿本的异同

《爱眉小札》真迹本 1936 年仅印一百本，存世极少，十分罕见。1999 年，上海古籍出版社出版了《徐志摩＜爱眉小札＞真迹线装编号本》，印数一千册，陈麦青、贺圣遂撰写了解题及释义。2009 年，虞坤林编选的《陆小曼未刊日记墨迹》由陕西三晋出版社出版，印数两千册。用陆小曼的整理本跟手稿本两相校勘，发现有很大的差异。

《爱眉小札》第一部分是"志摩日记"（1925 年 8 月 9 日～31

日北京，1925年9月5日～17日上海），徐志摩在这部分前言题"爱眉小扎"四字，落款署名"心手"，推想是取"以手写心"之意。原稿多用毛笔（间用钢笔）书写在蓝格十行线装本上。某些涉及秘密的内容出版时作了遮盖处理，如原稿中的"胡适"，真迹本以"□□"这两个空白显示，整理后的排印本则以"先生"二字代之。排印本1925年9月9日中出现的"I"，手迹本为"郭虞裳"，"LY"为"庐隐"。相反，手迹本中隐匿的某些内容，从排印本中反倒能看出端倪。如1925年8月23日记，手迹本中提及□□来信，这似乎成了一件不可考的事情，但排印本中以"S"作为代称，由此可确知此人是陆小曼的好友、陈西滢夫人凌叔华。特别重要的是，为了便于阅读，陆小曼对徐志摩某些日记作了合并或切割。比如排印本中1925年8月14日日记，在手迹本中分别是"14日"和"14日半夜"。排印本中1925年8月16日日记和18日日记，在手迹本中均为"16日日记"。手迹本中的1925年8月19日日记，在排印本中被分成了"8月19日"、"8月20日"、"8月21日"这三个部分，并删掉了语意不明的十个字。所以，从研究角度，将《爱眉小扎》的排印本文字跟手迹本文字以及日记原稿相互汇校，有助于对徐志摩上述日记内容的准确理解。陆小曼对徐志摩日记评价甚高，说她愈看愈爱，"将来我死后一定要放在我棺材里伴我，让我做了鬼也可以常常看看，比《金刚经》也许可贵得多。"（1926年3月1日日记）

《爱眉小扎》一书第二部分的内容为"志摩书信"，共收1925年3月3日至5月27日致陆小曼信11封，包括1925年3月10日徐志摩启程去欧洲旅行前的 3 封信和途经奉天（沈阳）、哈尔滨、满洲里、西伯利亚、柏林、伦敦、巴黎、翡冷翠（佛罗伦萨）时的 8 封信。徐志摩跟陆小曼生前通信颇多，当时已有佚失。比如，1928 年 6 月至 11 月，徐志摩游历亚、欧、美三洲，历时半年，给陆小曼写了 90 多封信，大多是很好的游记散文，但被陆小曼丢失了不少。这令徐志摩十分气恼，责备她有一天恐怕会连丈夫都弄丢了。据现存史料，徐志摩致陆小曼的中英文信札有 60 余封，陆小曼致徐志摩信 2 封。可见《爱眉小扎》所收徐志摩书信只是徐陆通信中的一小部分。即使徐志摩此次赴欧期间致陆小曼信也有 6 月 25 日、6 月 26 日两封未收，可能是陆小曼编书时，这两封信不在手头。

《爱眉小扎》所收 11 封徐志摩的书信，每封信前都标明了写作时间和地点，但个别内容作了删节。比如，1925 年 3 月 18 日信，徐志摩谈到回国后想到西湖山里去住几时，条件是至少得有一个人陪着他，中间删掉一句："前年胡适在烟霞调养病，有他的表妹与他作伴，我说他们是神仙似的生活，我当时很羡慕他们。"删掉的原因很明显，因为这段话暴露了胡适跟表妹曹诚英相恋的隐私。

《爱眉小扎》中的文字，跟原文出入最大的是第三部分"小曼日记"。这跟《两地书》中许广平致鲁迅信与原信的差别有些类似。甚至可以说，"小曼日记"近乎创作，而《陆小曼未刊日记墨迹》才是她心灵最原始最真实的记录。

现存陆小曼日记有 72 篇，而《爱眉小扎》中的"小曼日记"只有二十篇。墨迹中有许多笔误，如"眼泪汪汪"写成了"眼泪往往"，徐志摩出国的日期应为 3 月 10 日（"昨天"）墨迹中误为 3 月 9 日（"前天"）。这些在排印本中都得到了订正。这种笔误在作家手稿中多见，不足为怪。有些隐私公开出版时被删节，这种情况亦属常见。比较罕见的是日记的日期也有调整，如排印本中的"3 月 17 日"，墨迹中为 3 月 15 日；排印本中的"3 月 19 日"，墨迹中为 3 月 18 日；排印本中的"3 月 22 日"，墨迹中为 3 月 20 日。

《爱眉小扎》中的名篇是陆小曼 1925 年 5 月 11 日的《西山情思》，这也是中国现代言情散文中的上乘之作。对照徐志摩同年 8 月 9 日日记，可见他们当时在情爱困境之中做着同一种"田园梦"。陆小曼面对北京西山那一片罕见的"杏花雪"，产生了山居的念头，想在一尘不染的情境中斩断尘世的一切烦恼。这种想法得到了徐志摩的鼓励，他希望陆小曼今后能转变自己的思想与生活习惯。但从婚后的实际情况来看，陆小曼并未摆脱人间的浊气，这就注定了他们爱情的悲剧结局。这篇重要的文章在墨迹中未见，有可能是佚失。

《陆小曼未刊日记墨迹》原本是陆小曼写给自己和徐志摩看的，故文字未曾润饰。陆小曼自认为"实在不能说是甚么日记，叫'一个可怜女子的冤诉'吧"。（1925 年 3 月 11 日）但徐志摩曾在陆小曼 1925 年 8 月 9 日日记眉端批写道："满意！我看这日记眼里潮润了好几回，'真'是无价的；爱，你把你的心这样不含糊的吐露。"

"真"，决定了陆小曼日记的研究价值，但也因为"真"，在不少当事人还健在的当时公开披露的确会有诸多顾虑，所以出版时加以删节可以理解。被删的内容包括陆小曼父亲对她的教育；友人钱昌照那"一段哀情的历史"；胡适、张歆海对她的特殊情感——胡适爱她比较含蓄，虽爱"并不说出来"，而张歆海则感情外露，爱得痴迷；张奚若请她跳舞，张太太醋意大发……特别重要的是她对王赓、徐志摩、张幼仪、林徽因等人的真实看法。从上世纪30年代至今，研究徐陆之恋的文字可谓汗牛充栋，然而陆小曼日记中的这些第一手资料却很少被研究者引用。

比如，陆小曼日记中写道她的父亲教育她，不让她看爱情小说，说："爱情小说里多是讲些眉来眼去吊膀子的法子，所以看得你老觉得不称心，终日愁眉不展的愣着瞎想。还有你同摩从前在戏院看戏的时候，二人相看着眼光里带无限深情的样子，叫人说闲话，这就叫吊膀子。"（1925年3月25日日记手稿）陆小曼还说，她爸爸每天跟着她"像念经似的劝"，叫她不能再这样自暴自弃。（1925年4月12日日记手稿）

在陆小曼心目中，徐志摩的前妻张幼仪长得比她美，学问也比她好，她奇怪徐志摩为甚么不爱她？她虽然佩服张幼仪，但认为她们之间很难建立朋友关系（陆小曼1926年2月19日日记）。对于林徽因，陆小曼的看法却很糟，她认为林徽因在玩弄追求者的感情，而徐志摩却对她太痴。陆小曼1925年3月20日日记写道："菲（按：指林徽因）真太坏了，自从你（按：指徐志摩）在伦敦给她的信一直到她临走的时候，她全份都（给张）歆海看了，没有一封没有看见过，咳，何苦呢，我真气极了……"这封信《爱眉小扎》未收，但对研究徐志摩的婚恋史却十分重要。

四、《爱眉小扎》中涉及的相关人物

1. 陆小曼的前夫王赓

　　王赓（1895～1942），字受庆，江苏无锡人，1911年考入清华学校（清华大学前身），同年赴美留学，先后入密西根大学、哥伦比亚大学、普林斯顿大学，1915年转入西点军校学习军事，于1918年以优异的成绩获陆军少尉官衔。归国后在北洋政府陆军部供职。1921年任陆军上校。由于王赓少年得志，经父母包办，与陆小曼于1922年10月10日"闪电结婚"。婚礼虽然十分盛大，但新人婚后的生活却并不如人意。

　　据陆小曼的仆人祥顺说，自陆小曼出嫁之后，每年除夕夜的一对红烛都是由他点的，由于点燃的时间不一，红烛燃烧时错落不齐，预示这对伉俪不能白头偕老。这当然是一种迷信的说法。王赓跟陆小曼的差异，不仅是相差八岁，更主要的是性格志趣不相投合。陆小曼虽然喜欢交际，但对于王赓跟美国军官交往的那个社交圈却十分厌烦。陆小曼1925年3月18日日记中说，她看见王赓就烦，甚么事都不想做了。3月20日日记中写道，"我恨受庆"。6月1日日记中写道，王赓到南方工作，她决意不去，王赓气极了。1926年2月28日陆小曼日记又写道："受庆来了一封信，写了一首古人的相思词，语词甚是可怜的，可是他的行为我也看透了，假面具也带不着了，就是他现在跪在我身旁我也只得对他冷笑，我本当回他一信，怕他得寸进尺。"正是陆小曼跟王赓之间原本存在着裂痕，徐志摩的感情才有可能乘虚而入。

1925 年 9 月，绘画家刘海粟等友人居中调解，王赓与陆小曼协议离婚；同年底，王赓受一起军火案牵连锒铛入狱，在狱中正式签署了离婚协议书。王赓虽然口头上表现得十分豁达，说什么"真正的爱情应以利他为目的"，但对于一个官司缠身的人来说，离婚无异于雪上加霜。离婚 12 年后，经友人劝说，王赓娶了一个比他小三十多岁的广东姑娘，生有一子一女。1942 年，王赓随国民政府军事代表团赴美，途经埃及开罗，疟疾复发，客死异乡，终年 48 岁。

2. 徐志摩的前妻张幼仪

张幼仪（1900 ~ 1988），祖籍陕西，生于上海。祖父曾任县令，父亲是位名医。研究她的资料原本匮乏。1996 年，台湾智库文化有限公司出版了她侄孙女张邦梅整理的口述自传《小脚与西服》；2006 年，上海人民出版社又出版了丁言昭撰写的传记《徐志摩的原配夫人张幼仪——在现代与传统中挣扎的女人》，提供了她比较系统的生平史料。

促成张幼仪和徐志摩这桩婚事的是她的四哥张嘉璈，原因是徐志摩出生于富商家庭，本人又有良好的教育背景。然而，属鼠的张幼仪跟属猴的徐志摩一开始就不相投合。据说，新婚之夜，徐志摩就躲进了他奶奶屋里。此后，伴随着他们的是沉默和冷漠。结婚数载，聚少离多。1918 年 8 月，徐志摩出国留学，先到美国，后到英国，这就使他们夫妇之间的关系更加疏远。1920 年冬，张幼仪来伦敦陪读，这本是缓和他们夫妇关系的一个转机，但偏偏徐志摩又在 1921 年夏天爱上了林徽因。1922 年初，徐志摩高调协议离婚。他在致张幼仪信中说，"彼此有改良社会之心，彼此有造福人类之心，其先自作榜样，勇决智断，彼此尊重人格，自由离婚，止绝苦痛，始兆幸福，皆在此矣。"张幼仪表示同意。1922年3月，经吴经熊和金岳霖作证，徐志摩跟张幼仪在德国柏林"自由离婚"——这是中国婚姻史上第一个协议离婚的案例。

不过，无论徐志摩如何对妻子冷淡，但张幼仪毕竟替他生了两个儿子：长子徐积锴，次子德生——不幸三岁夭折。徐志摩在致张幼仪的信中，把他们的离异说成是"改良社会"，追求"真生命"与"真幸福"。在诗歌《笑解烦恼结——送幼仪》中，又控诉"把人道灵魂磨成粉屑"的"忠孝节义"旧伦理道德，把离婚比喻为"耐心共解烦恼结"。在公开发表的《徐志摩、张幼仪离婚通告》中，徐志摩还打了一个比喻，说明他在未征得父母同意的情况下离婚的合理性："屋子里失火，子女当然逃命，住在城外的父母说不行，你们未得家庭同意，如何擅敢逃命，这不是开玩笑的吗？"

然而，徐志摩的种种说辞并未得到父母的谅解、亲友的同情和社会舆论的支持。徐志摩之父为了表达不满，断然将张幼仪收为养女。徐志摩的恩师梁启超在1923年1月2日的信中斥责他的这种做法是"以他人之痛苦，易自己之快乐"。徐志摩期盼离婚之后能在茫茫人海中找到他唯一灵魂之伴侣，但是梁启超断言徐志摩："将来之快乐能得与否，殆茫如捕风。"

徐志摩殉难之后，在德国求学五年归国的张幼仪不仅以义女的身份侍奉徐家二老，而且担任了上海女子商业储蓄银行的董事。1945年，她还出任了中国民主社会党（简称民社党）的执委，负责管理该党的财务。她办事的能力和儒雅的风度，给民社党人留下了深刻的印象。

1953 年 8 月，53 岁的张幼仪跟一位专治花柳病的医生苏记之在日本东京结婚。她的哥哥们对这桩婚事不予表态，请她"自决"，儿子徐积锴则发自内心地支持，他在致母亲信中动情地写道："去日苦多，来日苦少，综母生平，殊少欢愉。母职已尽，母心宜慰，谁慰母氏？谁伴母氏？母如得人，儿请父事。"1972 年，苏记之因肠癌去世。在这段 20 年的共同生活中，张幼仪得到了真爱。

1988 年 1 月 21 日，张幼仪以 88 岁高龄在美国纽约曼哈顿寓所逝世，病因是心脏病突发。她晚年曾对侄孙女张邦梅说："你总是问我，我爱不爱徐志摩，你晓得，我没办法回答这问题。我对这问题很迷惑，因为每个人总是告诉我，我为徐志摩做了这么多的事，我一定是爱他的。可是，我没办法说什么叫爱，我这辈子从来没跟人说过'我爱你'。如果照顾徐志摩和他的家人叫做爱的话，那我大概爱他吧。在他一生当中遇到的几个女人里面，说不定我最爱他。"（张邦梅著：《小脚与西服——张幼仪与徐志摩的家变》，第 233、234 页，智库股份有限公司 1996 年版）张幼仪为徐志摩所做的事情当中有一件不能不提，那就是上世纪六十年代，张幼仪出资，梁实秋编辑，由台湾传记文学社出版了一套《徐志摩全集》。"纸墨寿于金石"，此举应该是对徐志摩的一种切实的忆念。

3. 徐志摩心中的"女神"林徽因

林徽因（1904～1955），祖籍福建，生于杭州。原名徽音，1935

年改为徽因，建筑学家，作家：写过散文、诗歌、小说、童话、剧本。
2000 年，台湾拍摄了一部片名为《人间四月天》的 20 集电视言情剧，
收视率超高，林徽因的事迹更不胫而走。但也有专家认为，剧中的张幼
仪虚伪，林徽因娇情，只有陆小曼最真诚。

1920 年秋天，徐志摩在伦敦遇见了一位 16 岁的妙龄少女——林徽
因，这位被英国的雨水撩动了情思的姑娘在致友人信中曾经写道："理
想的我老希望着生活有点浪漫的事情发生，或是有个人叩下门走进来，
坐在我对面同我谈话，或是同我坐在楼上炉边给我讲故事，最要紧的还
是有个人要来爱我。我做着所有女孩做的梦。而实际上却只是天天落雨
又落雨，我从不认识一个男朋友，从没有一个浪漫聪明的人走来同我
玩——实际生活上所认识的人从来没有一个像我想象的浪漫人物……"
（转引自丁言昭著：《徐志摩的原配夫人张幼仪》，第 63 页，上海人
民出版社，2006 年 8 月出版）鬼使神差，徐志摩这位"浪漫的大叔"此
时就在这个闽籍姑娘身边出现了，"一见面之后就互相引为知己"。

林徽因究竟爱没爱过徐志摩这位"大叔"？是不是徐志摩仅仅在单
相思？这是一个尚存争议的问题。徐、林交往期间的文字纪录基本无存，
局外人难以下一个准确的断语。但无论徐志摩如何多才，如何多情，林
徽因最终还是嫁给了梁启超的儿子梁思成。其中的原因比较复杂：既有
年龄的差距，徐家跟梁家社会地位的差距，构成障碍的还有徐志摩的"有
妇之夫"身份。林徽因常常感到徐志摩挚爱的并不是现实生活中真实的
自己，而是诗人浪漫情绪中构想出来的那个自己。此外，还有一种说法：

林徽因是其父大姨太太的独女，二姨太太却为其父生了一个儿子，因此它的母亲常在这个重男轻女的家中受到羞辱，长期跟其父分居。徐志摩的原配张幼仪此前生了一个儿子，林徽因担心一旦嫁入徐家会重蹈她母亲的覆辙，但林徽因绝非对徐志摩毫无感情。她留下了一首新诗《别丢掉》，令人揣摩联想：

别丢掉

这一把过往的热情，

现在流水似的，

轻轻

在幽冷的山泉底，

在黑夜，在松林，

叹息似的渺茫，

你仍要保存着那真！

一样是明月，

一样是隔山灯火，

满天的星，只有人不见，

梦似的挂起，

你向黑夜要回

那一句话——

你仍得相信

山谷中留着

有那回音！

1928 年 3 月 21 日，林徽因与梁思成在渥太华的中国驻加拿大领事馆举行了婚礼。同年 4 月 26 日，梁启超给新婚的儿子、儿媳写信，表示这是他"生涯中极愉快的一件事"，希望他们能"终身和睦安乐"。然而，这一对学者夫妇虽然在保护和研究中国古建筑的共同事业中做出了众所周知的贡献，但他们的私人空间未必如梁启超设计的这样美满。据说，林徽因常年将徐志摩失事飞机残骸中的一块小木板挂在卧室的墙上，又于结婚四年之后对信奉"试婚制"的哲学家金岳霖一度动了凡心。虽然金岳霖因梁思成对林徽因的真情而主动退出，但作为丈夫的梁思成作何感受可想而知。有人将 51 岁的林徽因刚刚去世，梁思成就急于续弦，视为梁的人生败笔。然而，梁思成从新娶的太太林洙身上，一定能得到一些从林徽因身上得不到的东西。否则，这位 61 岁的建筑家决不可能不顾世俗反对而去重新追求自己的黄昏恋情。

4. 照顾陆小曼 30 年的翁瑞午

翁瑞午（1899 ~ 1961），江苏常熟人，本名恩湛。有人迳称他为"伶人"，是不确的。翁瑞午只是擅长京昆的一位南方名票友，1927年曾跟陆小曼、徐志摩、江小鹣合演过《玉堂春》（陆饰玉堂春，翁反串王金龙）。胡适对他的评价是"自负风雅的俗子"。翁瑞午结识陆小曼应该还是通过徐志摩，此后就跟陆小曼结下了情缘。陆小曼表示她对翁瑞午"并无爱情，只有感情"；而这种感情又多来自生活上对翁瑞午的依赖。

陆小曼是个"药罐子"、"病秧子"。根据她日记记载，她每分钟有时心跳130多次，每天心跳加速两三次，西医认为她心脏和神经系统都有病，中医认为她有"气固痰"。翁瑞午有祖传的"一指禅"按摩法，一按，陆小曼的病情就会有所缓解，脾气顿时也会好了许多。为了止痛，翁瑞午还建议陆小曼吸鸦片。陆小曼试吸之后，感觉效果神奇，从此染上了烟瘾。陆小曼跟徐志摩婚后，有时南北暌离，只有翁瑞午陪伴她"吞吐烟霞"。虽然社会上对此有各种闲言碎语，但徐志摩并不在意。徐志摩有一个理论，认为男女之间在牌桌上容易产生暧昧关系，而吸食鸦片时一榻横陈，隔灯并枕，看似接近，但只能谈情，不能做爱，所以关系清白。至于翁瑞午为陆小曼按摩，更属医病，无嫌可避。然而，徐志摩死后，陆小曼毕竟跟翁瑞午同居，形成了"事实婚姻"。建国后，陆小曼填写有关表格，也把翁瑞午填进了"家庭成员"一栏。

陆小曼之所以跟翁瑞午"事实同居"，主要是出于生活上的依赖。陆小曼直到1956年才被聘为上海文史研究馆馆员，每月有固定的工资收入。此前"黑"、"白"两项几乎全靠翁瑞午供应，"黑"指鸦片，"白"指米饭。翁虽家庭人口多，但曾在江南造船厂担任会计处处长，又经常变卖一些古董字画。1952年7月14日，翁瑞午的妻子陈明榴去世，终年52岁。陆小曼有跟翁瑞午正式结婚的想法，只因翁的子女反对，最终未能修成正果。

翁瑞午在跟陆小曼同居期间，做出了一件颇为出格的事情。1955年，有一个女孩关小宝拜翁瑞午为师学评弹，但却生出了一个私生子。虽然关小宝属于未婚，翁瑞午属于丧偶，关小宝又声明此事出于她的自愿，但由于关小宝叫翁瑞午为"寄爹"，所以法院仍以"重婚罪"判了翁两年徒刑。翁瑞午锒铛入狱，关小宝弃子出走，陆小曼只好收拾残局，一度领养了这个孩子。

1961年9月，翁瑞午因肝癌去世，享年60岁。临终前，他拱手拜托赵家璧和赵清阁这两位老友关照陆小曼。1965年4月2日，陆小曼也因哮喘、肺气肿，在上海华东医院病逝，追随她一生中的第三个男人驾鹤西去。

五、对于"徐陆恋"的一己之见

爱情是男女之间精神和肉体相互吸引的产物，也是人类独有的一种崇高的感情形式。这种强烈的情感既可以给人带来如梦如幻的欢乐，也可以给人带来撕心裂肺的痛苦。它具有生物性，也具有社会性。由于对爱情的评价涉及多学科领域，诸如心理学、伦理学、社会学、美学，不同时代不同社会背景的研究者往往有各不相同的见解。对于徐志摩与陆小曼之间的爱情自然也会有不同的看法。

在笔者看来，徐陆之恋虽以浪漫哀艳开始，却以失落幻灭结束，其间虽然在瞬间迸发出耀眼的火花，但终究是一出"怀金悼玉"的悲剧。

它不足为人楷模，但从中却可以吸取许多人生的宝贵教训。

徐志摩跟陆小曼的交往估计是在 1924 年夏秋之间。当时徐志摩追求林徽因失败，正沉湎于失恋的痛苦之中，觉得自己像被俄国库图佐夫将军打败的法国拿破仑，感到"天地茫茫，心更茫"，全身好比陷落在乌云中，丢失在火焰里。置身于人生低谷时期，徐志摩邂逅了陆小曼。她身躯瘦弱，腰肢苗条，眉目若画，风雅宜人，在舞池中，她更显得体态轻盈，魅力四射。这一切都使徐志摩眼前为之一亮。

然而，徐志摩跟陆小曼的恋爱之途注定了充满坎坷。那原因十分简单，因为一个曾"使君有妇"，一个是"罗敷有夫"。经过五四新文化运动的洗礼，当时的中国新式男女都以追求"婚姻自由"、"爱情至上"为荣，但徐志摩追求陆小曼的时候，对方毕竟尚未解除婚约。慑于舆论压力，徐志摩只好被迫于 1925 年 3 月 10 日赴欧洲旅行。此时双方的心境，在《爱眉小扎》一书中得到真实的反映。1925 年底，陆小曼正式与王赓离婚，这才搬掉了阻碍她跟徐志摩结为伉俪的一块拦路石。但在梁启超一类老前辈心目中，仍责备他们"用情不专"，要求他们"以后务必痛改前非，从新做人"。

30 岁的徐志摩终于娶到了 24 岁的陆小曼，觉得这是"几世修来的幸运"，"比做一品官，发百万财，乃至身后上天堂，都来得宝贵"。徐志摩希望自己能成为陆小曼生命的领航者，能引领新婚的妻子勇猛上进，挖掘出她文艺方面的潜能，造就一位伊丽莎白·白朗宁那样的女作家，使他们这对伉俪成为中国的白朗宁夫妇，"做到一般人做不动的事，实现一般人的梦想的境界"。

然而徐志摩高估了自己的精神引导力。他狂热追求陆小曼时原带有太多的非理性成分，这就注定了这场恋爱的悲剧结局。徐志摩坦言，他追求陆小曼时，"一半是痴子，一半是疯子"，甚至想"到死里去实现更绝对的爱"（1925 年 6 月 25 日致陆小曼信）。但是徐志摩向往的这种浪漫十足的爱在现实生活中并不存在，因而他跟陆小曼的爱情也就不可能依旧跟开始时一样风光、鲜艳、热烈，不可能"期望到海枯石烂日"。如果说徐志摩痴迷于陆小曼主要是取其貌，陆小曼钟情于徐志摩则重在他的"才"与"真"（Complete and true，完全而真实）。在 1925 年 5 月 29 日，陆小曼日记墨迹中，她把徐志摩定位为"我国最有希望的一个大文学家"，所以她表示自己的事须三思而行——"我若被骂倒不怕，我只怕连累了他！"在 1925 年 4 月 12 日日记墨迹中，她被徐志摩情书中的"真"感动："你写得太好了，太感动我了。今天我才知道世界上的男人并不都是像我所想象的那样，世界上还有像你这样纯粹的人呢，你为甚么会这样的不同呢？"

但是，陆小曼在一定程度上也预感到了她跟徐志摩之间潜在的情感危机。因为从某种意义上来说，陆小曼相当于徐志摩在情海中几至沉溺时抓到的一块漂流木。在 1925 年 3 月 25 日的日记墨迹中，陆小曼谈到她对徐林之恋的感受，因为徐志摩曾爱林徽因到十分，每当谈到这段恋情，周边的人常说："志摩的爱徽因是从没有见过的，将来他也许不娶，因为他一定不再爱旁人，就是（爱）亦未必再有那样的情，那第二个人才倒霉呢！"这种议论让陆小曼黯然神伤，非常难受，因为她就是别人嘴里所说的"那第二个人"。陆小曼知道徐志摩对她的爱跟对林徽因的爱有所不同。她说，徐志摩在失意的时候，心里寂寞，正如打了败仗的兵，无所归宿，这才找到她，将来林徽因那边若一有希望，"他不坐着飞艇去赶才怪呢"！未曾想到陆小曼这番话竟成谶语。

笔者认为，导致徐陆之恋这场悲剧的，主要并非来自林徽因一方：林徽因与梁思成结婚之后，当然不会红杏出墙；徐志摩对林徽因尽管旧情难忘，也不会有越轨之举。徐陆结合之后之所以会从幻想的晴空迅速坠入现实的泥潭，根本原因是他们垒建的爱情之巢缺乏应有的精神基石。人都是作为精神与肉体的统一物而存在的。爱情固然性的吸引，但同时也应该有精神的吸引。恋爱过程中体现的精神高度决定了爱情的高度。陆小曼原是一个接受过良好教育的新女性，在绘画、写作、音乐、戏剧、舞蹈诸方面都有特长，但可悲的是她在第二次结婚之后仍然缺乏崇高的精神追求，就连她此前表示的"三思而行"都未能做到。虽然她身边从来不缺乏追求仰慕的男人，但又始终没有使这些男人对她"又爱又敬"，反倒大多是对她"爱而不敬"。她跟徐志摩结合之后，不但没有得到公婆的欢心，就连徐志摩也没有感受到预想的甜蜜和幸福，既未走进"天国"，亦未踏进乐园。这也印证了徐志摩1927年1月6日日记中的一句话："轻易希冀轻易失望同是浅薄。"

婚后的陆小曼仍追求一种奢侈的生活：租的是上海老式石库三层洋房，家中不仅有丫鬟，还雇有司机、老仆。抽鸦片的开支原本就大得惊人，此外她还要去定包厢、捧戏子，一掷千金。徐志摩父亲给其的经济承诺早已落空，徐不得不在尽力挣稿费之外，还先后到光华大学、大厦大学和东吴大学法学院兼课。后来又到南京中央大学、北京大学执教，到中华书局兼任编辑，每月即使有千元以上的收入，还是填不满陆小曼开销的窟窿。徐志摩不满意陆小曼过分"爱物"，"想什么非要到什么不可"，感到自己似乎成天遭强盗劫掠；而陆小曼则不满意徐志摩干预她的生活，管头管脚，活得像笼中鸟，不能自由自在飞向丛林和天空。用当下的时髦用语来说，就是双方的"三观"出现了裂痕。

除了金钱的压力，还有生活上的不协调。正如徐志摩1926年12月27日日记中所言："我想在冬至节独自到一个偏僻的教堂里去听几折圣诞的和歌，但我却穿上了臃肿的袍服上舞台去串演不自在的'腐'戏。我想在霜浓月淡的冬夜独自写几行从性灵暖处来的诗句，但我却跟着人们到涂蜡的跳舞厅去艳羡仕女们发光的鞋袜。"于是，在实际生活的重压下，人前微笑、人后忍受的诗人徐志摩只"觉得已满头血水"，生活已陷入"枯窘的深处"。价值追求方面的裂痕，最终导致了徐志摩与陆小曼直接婚姻的裂痕。

徐志摩去世的1931年，其实是他精神崩溃的一年。当年6月14日，也就是罹难之前五个月，徐志摩在给陆小曼的信中写道："钱是真可恶，来时不易，去时太易。我自阳历三月起，自用不算，路费等等不算（按：徐志摩上半年来往于京沪两地八次），单就付银行及你的家用，已有二千零五十元，节上如再寄四百五十元，正合二千五百元，而到六月底还只有四个月，如连公债果能抵得四百元，那就有三千元光景……"陆小曼的开销，远远超过了徐志摩一月负担五百元家用的承诺，这使得徐志摩心烦意燥，肝火常旺。他在信中责备陆小曼好吃懒做："你一天就是吃，从起身到上床，到合眼，就是吃。"说陆小曼只是把他当成一只牛，唯一的用处是做工赚钱（1931年5月14日信）。他要求陆小曼压缩"屋子"、"车子"和"厨房"的开销，把每月用度控制在四百元左右，陆小曼也明显感受到了徐志摩对她的冷漠，知道丈夫少回上海是有意避她，故在1931年6月下旬的一封信中不无哀怨嫉妒地写道："北京人事朋友多，玩处多，当然爱住。上海房子小又乱，地方又下流，人又不可取，还有何可留恋呢！来去请便吧！浊地本不留雅士。"（《徐志摩全集·书信卷》，第116页，浙江人民出版社，2015年1月出版）陆小曼还敏锐地感觉到徐志摩留恋的北京朋友中还有一个林徽因，故在1931年11月11日信中含沙射影地写道："近日甚少接家书，想必是侍候她人格（外）忙了，故盼行动稍自尊重，勿叫人取笑为是。"值得注意的是，陆小曼写此信，正是徐志摩为参加林徽因的报告会乘机罹难的一周之前。夫妻关系至此，已经接近冰结的临界点！

徐志摩猝然辞世之后，陆小曼写出了情文并茂的长文《哭摩》，说她满怀伤怨，浑身麻木，像遭受霹雳的打击，连哭都哭不出来，想让自己的灵魂像一朵水莲花随着缭绕的云，追随在徐志摩的左右，但这一切实际上却于事无补。

如果是谈到徐志摩恋情的文化意义，在我看来，主要是他对林徽因的追求造就了中国现代文学史上一位最杰出的抒情诗人。徐志摩虽然有深厚的中西文化背景，但他 24 岁之前并无诗歌创作的冲动。直到 25 岁那年夏天，林徽因像一阵奇异的风，像一抹奇异的月色，闯进了徐志摩的生活，一种深刻的忧郁，才占领了徐志摩的心，从此诗情才像岩浆般喷发。应该承认，林徽因也是一位诗人，她那几首脍炙人口的诗作也正是因为跟徐志摩交往而构思出来的。

　　徐志摩跟陆小曼的恋情则相对缺乏文化意义。如果挖掘起来，我此刻想到的只有三点：一，他们共同创作了《卞昆冈》这部五幕话剧。大纲是陆小曼草拟的，整个作品主要是徐志摩完成的。该剧虽然在艺术上未臻成熟，但却是新月社戏剧创作上的一部代表作。二，《爱眉小扎》也是徐陆之恋的艺术结晶，在中国现代散文史上占有一席之地。三，1935 年 10 月，陆小曼在友人的帮助下，大致编就了一部 10 卷本的《志摩全集》，虽然这部书出版过程历经坎坷，但却为今天较为完整的《徐志摩全集》奠定了基石。

---

①扎（zhá）与扎（zā）是两个字。"扎"指书信或累积成篇的读书心得或见闻录。"扎"是一束之意。上海良友图书公司的初版再版本均为《爱眉小扎》，指一束徐志摩、陆小曼书信日记。徐志摩以"心手"为笔名亲题的书名亦为"爱眉小扎"。②此书估计有盗印本。比如，1961 年 5 月，香港汇通书店出版《志摩日记》，内容即与本书全同。

陆小曼序

今天是志摩四十岁的纪念日子①，虽然甚么朋友亲戚都不见一个，但是我们两个人合写的日记却已送了最后的校样来了。为了纪念这部日记的出版，我想趁今天写一篇序文；因为把我们两个人呕血写成的日记在这个日子出版，也许是比一切世俗的仪式要有价值有意义得多。

提起这二部日记，就不由得想起当时摩对我说的几句话；他叫我"不要轻看了这两本小小的书，其中那一字那一句不是从我们热血里流出来的。将来我们年纪老了，可以把它放在一起发表，你不要怕羞，这种爱的吐露是人生不易轻得的！"为了尊重他生前的意见，终于在他去世后五年的今天，大胆的将它印在白纸上了，要不是他生前说过这种话，为了要消灭我自己的痛苦，我也许会永远不让它出版的。其实关于这本日记也有些天意在里边。说也奇怪，这两本日记本来是随时随刻他都带在身旁的，每次出门，都是先把它们放在小提包里带了走，惟有这一次他匆促间把它忘掉了。看起来不该消灭的东西是永远不会消灭的，冥冥中也自有人在支配着。

关于我和他认识的经过，我觉得有在这里简单述说的必要，因为一则可以帮助读者在这二部日记和十数封通信之中，获得一些故事上的连贯性，二则也可以解除外界对我们俩结合之前和结合之后的种种误会。

在我们初次见面的时候（说来也十年多了）②，我是早已奉了父母之命媒妁之言同别人结婚了③，虽然当时也痴长了十几岁的年龄，可是性灵的迷糊竟和稚童一般。婚后一年多才稍懂人事，明白两性的结合不是可以随便听凭别人安排的，在性情与思想上不能相谋而勉强结合是人世间最痛苦的一件事。当时因为家庭间不能得着安慰，我就改变了常态，埋没了自己的意志，葬身在热闹生活中去忘记我内心的痛苦。又因为我娇慢的天性不允许我吐露真情，于是直着脖子在人面前唱戏似的唱着，绝对不肯让一个人知道我是一个失意者，是一个不快乐的人。这样的生活一直到无意间认识了志摩，叫他那双放射神辉的眼睛照彻了我内心的肺腑，认明了我的隐痛，更用真挚的感情劝我不要再在骗人欺己中偷活，不要自己毁灭前程，他那种倾心相向的真情，才使我的生活转换了方向，而同时也就跌入了恋爱了。于是烦恼与痛苦，也跟着一起来。

为了家庭和社会都不谅解我和志摩的爱，经过几度的商酌，便决定让摩离开我到欧洲去作一个短时间的旅行④；希望在这分离的期间，能从此忘却我——把这一段因缘暂时的告一个段落。这一种办法，当然是不得已的；所以我们虽然大家分别时讲好不通音信，终于我们都没有实行，（他到欧洲去后寄来的信，一部分收在这部书里。）他临去时又要求我写一本当信写的日记，让他回国后看看我生活和思想的经过情形，我送了他上车后回到家里，我就遵命的开始写作了。这几个月里的离情是痛在心头，恨在脑底的。究竟血肉之体敌不过日夜的摧残，所以不久我就病倒了。在我的日记的最后几天里，我是自认失败了，预备跟着命运去飘流，随着别人去支配；可是一到他回来，他伟大的人格又把我逃避的计划全部打破。

于是我们发见"幸福还不是不可能的"。可是那时的环境，还不容许我们随便的谈话，所以摩就开始写他的《爱眉小扎》，每天写好了就当信般的拿给我看，但是没有几天，为了母亲的关系，我又不得不到南方来了。在上海的几天我也碰到过摩几次，可惜连一次畅谈的机会都没有。这时期摩的苦闷是在意料之中的，读者看到《爱眉小扎》的末几页，也要和他同感吧？

我在上海住了不久，我的计划居然在一个很好的机会中完全实现了，我离了婚就到北京来寻摩，但是一时竟找不到他。直到有一天在晨报附刊上看到他发表的《迎上前去》的文章，我才知道他做事的地方；而这篇文章中的忧郁悲愤，更使我看了急不及待的去找他，要告诉他我恢复自由的好消息。那时他才明白了我，我也明白了他，我们不禁相视而笑了。

以后日子中我们的快乐就别题了；我们从此走入了天国，踏进了乐园。一年后在北京结婚⑤，一同回到家乡⑥，度了几个月神仙般的生活。过了不久因为兵灾搬到上海来，在上海受了几月的煎熬我就染上一身病；后来的几年中就无日不同药炉作伴；连摩也得不着半点的安慰，至今想来我是最对他不起的。好容易经过各种的医治，我才有了复原的希望，正预备全家再搬回北平从新造起一座乐园时，他就不幸出了意外的遭劫，乘着清风飞到云雾里去了⑦。这一下完了他——也完了我。

写到这儿，我不觉要向上天质问为甚么我这一生是应该受这样的处罚的？是我犯了罪么？何以老天只薄我一个人呢？我们既然在那样困苦中争斗了出来，又为甚么半途里转入了这样悲惨的结果呢？生离死别，幸喜我都尝着了。在日记中我尝过了生离的况味，那时我就疑惑死别不知更苦不？好！现在算是完备了。甜，酸，苦，辣，我都尝全了，也可算不枉这一世了。到如今我还有甚么可留恋的呢？不死还等甚么？这话是我现在常在我心头转的；不过有时我偏不信，我不信一死就能解除一切，我倒要等着再看老天还有甚么更惨的事来加罚在我的身上？

完了，完了，一切都完了，现在还说甚么？还想甚么？要是事情转了方面，我变他，他变了我，那时也许读者能多读得些好的文章，多看到几首美丽的诗，我相信他的笔一定能写得比他心里所受的更沉痛些。只可惜现在偏留下了我，虽然手里一样拿着一支笔，它却再也写不出我回肠里是怎样的惨痛，心坎里是怎样的碎裂。空拿着它落泪，也急不出半分的话来；只觉得心里隐隐的生痛，手里阵阵的发颤。反正我现在所受的，只有我自己知道就是了。

最后几句话我要说的，就是要请读者原谅我那一本不成器的日记，实在是难以同摩放在一起出版的（因为我写的时候是绝对不预备出版的）。可是因为遵守他的遗志起见，也不能再顾到我的出丑了。好在人人知道我是不会写文章的，所留下的那几个字，也无非是我一时的感想

而已，想着甚么就写甚么，大半都是事实，就这一点也许还可以换得一
点原谅；不然我简直要羞死了。

小曼

---

①指 1936 年 1 月 15 日。②应为 1924 年。③陆小曼 1922 年 10 月与王赓结婚。④指 1925 年 3 月徐
志摩的欧洲之旅。⑤ 1926 年 10 月 3 日，徐志摩与陆小曼在北京北海公园举行婚礼。⑥指浙江省海
宁县硖石镇。⑦ 1931 年 11 月 19 日，徐志摩乘济南邮政班机北上，在济南党家庄附近遇空难。

《第壹章》 志摩日记

一九二五年八月九日—三十一日　北京

一九二五年九月五日—十七日　上海

有你我就忘却一切，我什么都不想什么都不要了，因为我什么都有了。

眉，我来献全盘的爱给你，一团火热的真情，整个儿给你，我也盼望你也一样拿整个、完全的爱还我。

郁达夫说：『忠厚柔艳的陆小曼，热情诚挚的徐志摩，遇合在一道，自然要爆放火花，烧成一片了，哪里还顾得到纲常伦教？更哪里还顾得到宗法家风？』情场失意的徐志摩，回国后遇到婚姻生活忧郁、风情万种的陆小曼，一场才子佳人的童话开场了。徐志摩说，『她一双眼睛也在说话，睛光荡起的心泉秘密。』然而这场童话并不那么圆满，遭到了双方家长的强烈反对。

第 [1] 篇 · **新生**

八月九日起日记

"幸福还不是不可能的"，这是我最近的发现。

今天早上的时刻，过得甜极了。我只要你；有你我就忘却一切，我什么都不想什么都不要了，因为我什么都有了。与你在一起没有第三人时，我最乐。坐着谈也好，走道也好，上街买东西也好。厂甸①我何尝没有去过，但那有今天那样的甜法；爱是甘草，这苦的世界有了它就好上口了。眉，你真玲珑，你真活泼，你真像一条小龙。

我爱你朴素，不爱你奢华。你穿上一件蓝布袍，你的眉目间就有一种特异的光彩，我看了心里就觉着不可名状的欢喜。朴素是真的高贵。你穿戴齐整的时候当然是好看，但那好看

八月九日 趙日札

"幸福還不是不可能的，这是我最近的發現。

今天早上的時刻，過得甜極了。

我真要你：有你……我就有了一切，我什麼都不怕，因为我什麼都有了。

……只伯到一定沒有第三人时，外最案，生姜陸也此毛，道也好，上街買東西也好，厨自你何告沒有去過。但所有今天是那樣的动底，愛你也甚，这是的世界太了。定就好上口了。

望你真珍流，你真保屠，你真做一件小事。

是寻常的，人人都认得的，素服时的眉，有我独到的领略。

"玩人丧德，玩物丧志"②，这话确有道理。

我恨的是庸凡，平常，琐细，俗；我爱个性的表现。

我的胸膛并不大，决计装不下整个或是甚至部分的宇宙。我的心河也不够深，常常有露底的忧愁。我即使小有才，决计不是天生的，我信是勉强来的；所以每回我写什么多少总是难产，我唯一的靠傍是霎那间的灵通。我不能没有心的平安，眉，只有你能给我心的平安。在你完全的蜜甜我爱你朴素，不爱你奢华。你穿上一件蓝布袍，你的眉目间就有一种特异的光彩，我有一心裡就觉着不可忍怃的欢喜。朴素是真的高贵，你穿素朴的衣裳来见我，他们好看是真尋常的人，不和遇门的衣服时的情青我好羡慕的倾吗。

"这人素徳，改物毒志，这话说得古道呢。

我恨我毛毫及平常，須但結：我爱个性的表现。

我的胸膛並不大，決计装不下整个宇宙的丁宁，我的心可也不小，但它著虽宇的爱恋，我而使小在才，決计不回有天文的，我伯也亞熙辱乎，许小金铜

的高贵的爱里，我享受无上的心与灵的平安。

　　凡事开不得头，开了头便有重复，甚至成习惯的倾向。在恋中人也得提防小漏缝儿，小缝儿会变大窟窿，那就糟了。我见过两相爱的人因为小事情误会斗口，结果只有损失，没有利益。我们家乡俗谚有："一天相骂十八头，夜夜睡在一横头"，意思说是好夫妻也免不了吵。我可不信，我信合理的生活，动机是爱，知识是南针；爱的生活也不能纯粹靠感情，彼此的了解是不可少的。爱是帮助了解的力，了解是爱的成熟，最高的了解

是灵魂的化合，那是爱的圆满功德。

没有一个灵性不是深奥的，要懂得真认识一个灵性，是一辈子的工作。这工夫愈下愈有味，像逛山似的，唯恐进得不深。

眉，你今天说想到乡间去过活，我听了顶欢喜，可是你得准备吃苦。总有一天我引你到一个地方，使你完全转变你的思想与生活的习惯。你这孩子其实是太娇养惯了！我今天想起丹农雪乌③的《死的胜利》的结局；但中国人，那配！眉，你我从今起对爱的生活负有做到他十全的义务。我们应得努力。眉，你怕死吗？眉，你怕活吗？活比死难得多！眉，老实说，你的生活一天不改变，我一天不得放心。但北京就是阻碍你新生命的一个大原因，因此我不免发愁。

我从前的束缚是完全靠理性解开的④；我不信

你的就不能用同样的方法。万事只要自己决心：决心与

成功间的是最短的距离。

　　往往一个人最不愿意听的话，是他最应得听的话。

---

①地名，在北京和平门外，也称琉璃厂，文物商店聚集处。②《尚书·旅獒》："玩人丧德，玩物丧志。"③丹农雪乌（1896～1954），通译为邓南遮，意大利作家。④指徐志摩与元配张幼仪离婚。

第 [2] 篇 · **感谢**

八 月 十 日

我六时就醒了，一醒就想你来谈话，现在九时半了，难道你还不曾起身，我等急了。

我有一个心，我有一个头，我心动的时候，头也是动的。我真应得谢天，我在这一辈子里，本来自问已是陈死人，竟然还能尝着生活的甜味，曾经享受过最完全、最奢侈的时辰，我从此是一个富人，再没有抱怨的口实，我已经知足。这时候，天坍了下来，地陷了下去，霹雳种在我的身上，我再也不怕死，不愁死，我满心只是感谢。即使眉你有一天（恕我这不可能的设想）心换了样，停止了爱我，那时我的心就像莲蓬似的栽满了窟窿，我所有的热血都从这些窟窿里流走——即使有那样悲惨的一天，我想我还是不敢怨的，因为你我的心曾经一度灵通，那是不可灭的。上帝的意思到处是明显的，他的发落永远是平正的；我们永远不能批评，不能抱怨。

吉，我才睡醒了，一醒就想你着话，怕至九时半了，难道你还

不曾起身，我等着了。

我有一个心头，我心头的时候，我也是动的。

我真应得谢天。我来这一辈子里，本来自分一世是陈死人，完

全没能尝着生活的甜味，曾经享受过最完全最舒

服的时辰，我从此是一个富人，再也没有神话的口实，我已

经知足。连时候，天明了下来，地陷了下去，赛霞飞在我的身

上我再也不怕死，不惦记，我满心只是感谢，即使有一

天（恕我这乃了解的说起）四块了墙，停止了爱我，动时我的心

我像这善何如戴满了实窗，我像有风势虫都从这实窗

窥裡逃去——即使有那样岁惮的一天我总渴求还是不欲怨

的，因为你我的心更曾任一支是通，那是不可减的，上帝

的心意思到底是明顯的，他的发展，永远是平正的，我们永远

不够批评，不能抱怨。

第 [3] 篇 · **怖梦**

八月十一日

这过的是什么日子！我这心上压得多重呀！眉，我的眉，怎么好呢？霎那间有千百件事在方寸间起伏，是忧，是虑，是瞻前，是顾后，这笔上那能写出？眉，我怕，我真怕世界与我们是不能并立的，不是我们把他们打毁成全我们的话，就是他们打毁我们，逼迫我们的死。眉，我悲极了，我胸口隐隐的生痛，我双眼盈盈的热泪，我就要你，我此时要你，我偏不能有你，喔，这难受——恋爱是痛苦，是的眉，再也没有疑义。眉，我恨不得立刻与你死去，因为只有死可以给我们想望的清静，相互的永远占有。眉，我来献全盘的爱给你，一团火热的真情，整个儿给你，我也盼望你也一样拿整个，完全的爱还我。

世上并不是没有爱，但大多是不纯粹的，有漏洞的，那就不值钱，平常、浅薄。我们是有志气的，决不能放松一屑屑，我们得来一个直纯的榜样。眉，这恋爱是大事情，是难事情，是关生死超生死的事情——如其要到真的境界，那才是神圣，那才是不可侵犯。有同情的朋友是难得的，我们现有少数的朋友，就思想见解论，在中国是第一流。他们都是真爱你我，看重你我，期望你我的。他们要看我们做到一般人做不到的事，实现一般人梦想的境界。他们，我敢说，相信你我有这天赋，有这能力；他们的期望是最难得的，但同时你我负着的责任，那不是玩儿。对己，对友，对社会，对天，我们有奋斗到底，做到十全的责任！

眉，你知道我近来心事重极了，晚上睡不着不说，睡着了就来怖梦，种种的顾虑整天像刀光似的在心头乱刺，眉，你又是在这样的环境里嵌着，连自由谈天的机会都没有，咳，这真是那里说起！眉，我每晚睡在床上寻思时，我仿佛觉着发根里的血液一滴滴的消耗，在忧郁的思念中黑发变成苍白。一天二十四时，心头那有一刻的平安——除了与你单独相对的俄顷，那是太难得了。

眉，我们死去吧，眉，你知道我怎样的爱你，啊眉！比如昨天早上你不来电话，从九时半到十一时，我简直像是活抱着炮烙似的受罪，心那么的跳，那么的痛，也不知为什么，说你也不信，我躺在榻上直咬着牙，直翻身喘着哪！后来再也忍不住了，自己拿起了电话，心头那阵的狂跳，差一点把我晕了。谁知你一直睡着没有醒，我这自讨苦吃多可笑，但同时你得知道，眉，在恋中人的心理是最复杂的心理，说是最不合理可以，说是最合理也可以。眉，你肯不肯亲手拿刀割破我的胸膛，挖出我那血琳琳的心留着，算是我给你最后的礼物？

今朝上睡昏昏的只是在你的左右。那怖梦真可怕，仿佛有人用妖法来离间我们，把我迷在一辆车上，整天整夜的飞行了三昼夜，旁边坐着一个瘦长的严肃的妇人，像是运命自身，我昏昏的身体动不得，口开不得，听凭那妖车带着我跑，等得我醒来下车的时候有人来对我说你已另订约了。我说不信，你带约指的手指忽在我眼前闪动。我一见就往石板上一头冲去，一声悲叫，就死在地下——正当你电话铃响把我振醒，我那时虽则醒了，把那一阵的凄惶与悲酸，像是灵魂出了窍似的，可怜呀，眉！我过来正想与你好好的谈半句钟天，偏偏你又得出门就诊去，以后一天就完了，四点以后过的是何等不自然而局促的时刻！我与"先生"①谈，也是凄凉万状，我们的影子在荷池圆叶上晃着，我心里只是悲惨，眉呀，你快来伴我死去吧！

①指胡适。

第 [4] 篇 · **欢喜**

八月十二日

这在恋中人的心境真是每分钟变样，绝对的不可测度。昨天那样的受罪，今儿又这般的上天，多大的分别！像这样的艳福，世上能有几个人享着；像这样奢侈的光阴，这宇宙间能有几多？却不道我年前口占的"海外缠绵香梦境，销魂今日竟燕京"，应在我的甜心眉你的身上！

明白了，我真又欢喜又感激！他这来才够交情，我从此完全信托他了。

眉，你的福分可也真不小，当代贤哲你瞧都在你的妆台前听候差遣。

眉，你该睡着了吧，这时候，我们又该梦会了！说也真怪，这来精神异常的抖擞，真想做事了，眉，你内助我，我要向外打仗去！

三日 这太太什人的心境真是要象个澄变情，你此的石可以

变，咋天那样的爱雨，今见又这般上天，多么的分别；

像这样的眼起说世上能有几个人享爱，像这样奇情的妄

陸这宇宙同能有我多？却不过几年前已比的

遂外澄你奇梦境，偏碰个日五无遥奄三店主我的

钿心者任他身上！明争，我五五欢吾日威後，他三

表才约空情，为作的究奈作论他了。 者，你的狗子可也主

不为，当代贤赞何此却去他为此名蜀你妄遣

该梦金了！ 者，你说睡看了吧，这妙峡，我们又

好做事了。看你内助於，我要向外打伙去了！

第 [5] 篇 · 爱我

八月十四日

　　昨晚不知那儿来的兴致，十一点钟跑到W家里①，本想与奚若谈天。他买了新鲜合桃、葡萄、莎果、莲蓬请我，谁知讲不到几句话，太太回来了，那就是完事。接着W和M也来了，一同在天井里坐着闲话，大家嚷饿，就吃蛋炒饭，我吃了两碗，饭后就嚷打牌，我说那我就得住夜，住夜就得与他们夫妇同床，M连骂"要死快哩，疯头疯脑"，但结果打完了八圈牌，我的要求居

都不曾落眼

眉，娘真是何苦来，她是聪明，就该聪明倒展，她既然看出我们俩都是痴情人容易钟情，她就该得想法大处落墨，比如说禁止你我往来，不许你我见面，也是一个办法；不，否则该承认我们的情分，给我们一条活路才是道理。像这样小鹣鹣的溜着眼珠当着人前提防，多说一句话该，多看一眼该，多动一手该，这可不是真该，实际毫无干系，只叫人不舒服，强迫人装假，真是何苦来，皆于都不舒怀疑，但同时你妈那裡玩巧不皆冒险，他那把又不

然做到，三个人一头睡下，熄了灯。M躲紧在W的胸前，格支支的笑个不住，我假装睡着，其实他说话等等我全听分明，到天亮都不曾落眼。

眉，娘②真是何苦来。她是聪明，就该聪明到底；她既然看出我们俩都是痴情人容易钟情，她就该得想法大处落墨，比如说禁止你与我往来，不许你我见面，也是一个办法；否则就该承认我们的情分，给我们一条活路才是道理。像这样小鹣鹣的溜着眼珠当着人前提防，多说一句话该，多看一眼该，多动一手该，这可不是真该，实际毫无干系，只叫人不舒服，强迫人装假，真是何苦来。眉，我总说有真爱就有勇气，你爱我的一片血

诚，我身体磨成了粉都不能怀疑，但同时你娘那里既不肯冒险，他那里又不肯下决断，生活上也没有改向，单叫我含糊的等着，你说我心上那能有平安，这神魂不定又那能做事？

因此我不由不私下盼望你能进一步爱我，早晚想一个坚决的办法出来，使我早一天定心，早一天能堂皇的做人，早一天实现我一辈子理想中的新生活。眉，你爱我究竟是怎样的爱法？

我不在时你想我，有时很热烈的想我，那我信！但我不在时你依旧有你的生活，并不是怎样的过不去；我在你当然更高兴，但我所最要知道的这问题是最重要不过的，因为恋爱之所以为恋爱就在他那绝对不可改变不可替代的一点；罗米鸟爱玖丽德，愿为她死，世上再没有第二个女子能动他的心；玖丽德爱罗米鸟，愿为他死，世上再没有第二个男子能占她一点子的情，他们那恋爱之所以不朽，又高尚，又美，就在这里。他们俩死的时候彼此都是无遗憾的，因为死成全他们的恋爱到最完全最圆满……

爱情——

是，眉呀，我是否你"完全的必要"，我是否能给你一些世上再没有第二人能给你的东西，是否在我的爱你的爱里你得到了你一生最圆满、最无遗憾的满足？

这问题是最重要不过的，因为恋爱之所以为恋爱就在他那绝对不可改变不可替代的一点；罗米鸟爱玖丽德，愿为她死，世上再没有第二个女子能动他的心；玖丽德爱罗米鸟，愿为他死，世上再没有第二个男子能占她一点子的情，他们那恋爱之所以不朽，又高尚，又美，就在这里。他们俩死的时候彼此都是无遗憾的，因为死成全他们的恋爱到最完全最圆满的程度，所以这，"Die upon a kiss"③是真钟情人理想的结局，再不要别的。反面说，假如恋爱是可以替代的，像是一枝牙刷烂了可以另买，皮服破了可以另制，他那价值也就可想。"定情"——the spiritual engagement, the great mutual giving up④——是一件伟大的事情，两个灵魂在上帝的眼前自愿的结合，人间再没有更美的时刻——恋爱神圣就在这绝对性，这完全性，这不变性，所以诗人说：

...the light of a whole life dies,

When love is done. ⑤

　　恋爱是生命的中心与精华；恋爱的成功是生命的成功，恋爱的失败，是生命的失败，这是不容疑义的。

　　眉，我感谢上苍，因为你已经接受了我；这来我的灵性有了永久的寄托，我的生命有了最光荣的起点，我这一辈子再不能想望关于我自身更大的事情发现，我一天有你的爱，我的命就有根，我就是精神上的大富翁。因此我不能不切实的认明这基础究竟是多深，多坚实，有多少抵抗侵凌的实力——这生命里多的是狂风暴雨！

　　所以我不怕你厌烦我要问你究竟爱到什么程度？有了我的爱，你是否可以自慰已经得到了生命与生命中的一切？反面说，要没有我的爱，是否你的一生就没有了光彩？我再来打譬喻：你爱吃莲肉，爱吃鸡豆肉；你也爱我的爱；在这几天我信莲肉，鸡豆，爱都是你的需要，在这情形下爱只像是一个"加添的必要"。

An additional necessity，不是绝对的必要，比如有气，比如饮食，没了一样就没有命的。有莲时吃莲，有鸡豆时吃鸡豆，有爱时"吃"爱。好，再过几时时新就换样，你又该吃蜜桃，吃大石榴了，那时假定我给你的爱也跟着莲与鸡豆完了，但另有与石榴同时的爱现成可以"吃"——你是否能照样过你的活，照样生活里有跳有笑的？再说明白的，眉呀，我祈望我的爱是你的空气，你的饮食，有了就活，缺了就没有命的一样东西；不是鸡豆或是莲肉，有时吃固然痛快，过了时也没有多大交关，石榴柿子青果跟着来替口味多着吧！

眉，你知道我

怎样的爱你；你的爱现在已是我的空气与饮食，到了一半天不可少的程度，因此我要知道在你的世界里我的爱占一个什么地位？

May, I miss your passionately appealing gazings and soul–communicating glances which once so overwhelmed and ingratiated me. Suppose 1 die suddenly tomorrow morning. Suppose 1 change my heart and love somebody else, what then would you feel and what would you do?

These are very cruel supposition l know, but all the same l can't help making them, such being the lover's psychology.

Do you know what would l have done if in my coming back, I should have found my love no longer mine! Try and imagine the situation and tell me what you think.[⑥]

日记已经第六天了，我写上了一二十页，不管写的是什么，你一个字都还没有出世哪！但我却不怪你，因为你真是贵忙；我自己就负你空忙大部分的责。但我盼望你及早开始你的日记，纪念我们同玩厂甸那一个蜜甜的早上。我上面一大段问你的话，确是我每天郁在心里的一点意思，眉，你不该答复我一两个字吗？眉，我写日记的时候我的意绪益发蚕丝似的绕着你：我笔下多写一个眉字，我口里低呼一声我的爱，我的心为你多跳了一下。你从前给我写的时候也是同样的情形我知道，因此我益发盼望你继续你的日记，也使我多得一点欢喜，多添几分安慰。

十四日半夜

我想去买一只玲珑坚实的小箱，存你我这几月来交换的信件，算是我们定情的一个纪念，你意思怎样？

---

①日记真迹为"东花厅"。②吴曼华（1876～1934年），陆小曼父亲陆定的第二任妻子。"小曼"中的"曼"取自母亲之名。③"一吻而亡"，见莎士比亚剧作《奥赛罗》。④大意是：精神上的订亲，伟大的彼此献身。⑤大意是：恋爱成功之时，整个生命的光芒便熄灭了。⑥大意是：眉，我想念你那热情而撩人心扉的凝视，想念你那交流心灵的秋波频送，它使我惶惑，又使我欣喜。假如我明晨猝死，假如我移情别恋，你会怎么想，如何办？我明知这种假设过于残酷，但又不得不这样做，这就是情人的心理学。你可知道，当我归来时，如发现情人已不再属于我，我将如何办？试想那种情景，告诉我，你会怎么想。

第 [6] 篇 · **挚爱**

八月十六日

真怪，此刻我的手也直抖擞，从没有过的，眉我的心，你说怪不怪，跟你的抖擞一样？想是你传给我的，好，让我们同病，叫这剧烈的心震震死了岂不是完事一宗？

事情的确是到门了，眉，是往东走或往西走你赶快得定主意才是，再要含糊时大事就变成了顽笑，那可真不是玩！他①那口气是最分明没有的了；那位京友我想一定是双心（手震好了），决不会第二个人。

他现在的口气似乎比从前有主意的多，他已经准备"依法办理"；你听他的话"今年决不拦阻你"。好，这回像人了！

他像人，我们还不争气吗？眉，这事情清楚极了，只要你的决心，娘，别说一个，十个也不能拦阻你。

我的意思是我们同到南边去。（你不愿我的名字混入第一步，固然是你的好意，但你知道那是不成功的，所以与其拖泥带浆还不如走大方的路，来一个甘脆，只是情是真的，我们有什么见不得人面的地方？）找着P做中间人，解决你与他的事情，第二步当然不用提及，虽则谁不明白？

眉，你这回真不能再做小孩了，你得硬一硬心，一下解决了这大事，免得成天怀鬼胎过不自然的痛苦的日子。要知道你一天在这尴尬的境地里嵌着，我也心理上一天站不直，那能真心去做事，害得谁都不舒服，真是何苦来？

眉，救人就是自救，自救就是救人。我最恨的是苟且、因循、懦怯，在这上面无论什么事都是找不到基础的。

有志事竟成，没有错儿。奋勇上前吧，眉，你不用怕，有我整个儿在你旁边站着，谁要动你分毫，有我拼着性命保护你，你还怕什么？

今晚我认帐心上有点不舒服，但我有解释，理由很长，明天见面再说吧。

我的心怀里，除了挚爱你的一片热情外，我决不容留任何夹杂的感想；这册爱眉小扎里，除了登记因爱而流出的思想外，我也决不愿夹杂一些不值得的成分。

眉，我是太痴了，自顶至踵全是爱，你得明白我，你得永远用你的柔情包住我这一团的热情，决不可有一丝的漏缝，因为那时就有爆烈的危险。

①指王赓。

第 [7] 篇 · 失眠

八月十八日

十一点过了。肚子还是疼，又招了凉怪难受的，但我一个人占这空院子①（道宏这回真走了），夜沉沉的，那能睡得着？这时候饭店凉台上正凉快，舞场中衣香鬓影多浪漫多作乐呀！这屋子闷热得凶，蚊虫也不饶人，我脸上腕上脚上都叫咬了。我的病我想一半是昨晚少睡，今天打球后又喝冰水太多，此时也有些倦意，但眉，你不是说回头给我打电话吗？我那能睡呢！听差们该死，走的走，睡的睡，一个都使唤不来。你来电时我要是睡着了那又不成。所以我还是起来涂我最亲爱的爱眉小扎吧。方才我躺在床上又想这样那样的。怪不得老话说"疾病则思亲"，我才小不舒服，就动了感情，你说可笑不？我倒不想父母，早先我有病时总想妈妈，现在连妈妈都退后了，我只想我那最亲爱的，最钟爱的小眉。我也想起了你病的那时候，天罚我不叫我在你的身旁，我想起就痛心，眉，我怎样不知道你那时热烈的想我要我。我在意大利时有无数次想出了神，不是使劲的自咬手臂，就是拿拳头槌着胸，直到真痛了才知道。今晚轮着我想你了，眉！我想像你坐在我的床头，给我喝热水，给我吃药，抚摩着我生痛的地方，让我好好的安眠，那多幸福呀！我愿意生一辈子病，叫你坐一辈子的床头。哦那可不成，太自私了，不能那样设想。昨晚我问你我死了你怎样，你说你也死，我问真的吗，你接着说的比较近情些。你说你或许不能死，因为你还有娘，但你会把自己"关"起来，再不与男子们来往。眉，真的吗？门关得上，也打得开，是不是？我真傻，我想的是什么呀，太空幻了！

我方才想假使我今晚肚子疼是盲肠炎，一阵子涌上来在极短的时间内痛死了我，反正这空院子里鬼影都没，天上只有几颗冷淡的星，地下只有几茎野草花。我要是真的灵魂出了窍，那时我一缕精魂飘飘荡荡的好不自在，我一定跟着凉风走，自己什么主意都没有；假如空中吹来有音乐的声响，我的鬼魂许就望着那方向飞去——许到了饭店的凉台上。啊，多凉快的地方，多好听的音乐，多热闹的人群呀！啊，那又是谁，一位妙龄女子，她慵慵的倚着一个男子肩头在那像水泼似的地平上翩翩的舞，多美丽的舞影呀！但她是谁呢，为什么我这渺飘的三魂无端又感受一个劲烈的颤栗？

她是谁呢，那样的美，那样的风情，让我移近去看看，反正这鬼影是没人觉察，不会招人讨厌的不是？现在我移近了她的跟前——慵慵的倚着一个男子肩头款款舞踏着的那位女郎。她到底是谁呀，你，孤单的鬼影，究竟认清了没有？她不是旁人；不是皇家的公主，不是外邦的少女；她不是别人，她就是她——你生前沥肝脑去恋爱的她！你自己不幸，这大早就变了鬼，她又不知道，你不通知她那能知道——那圆舞的音乐多香柔呀！

好，我去通知她吧。那鬼影踌躇了一晌，咽住了他无形的悲泪，益发移近了她，举起一个看不见的指头，向着她暖和的胸前轻轻的一点——啊，她打了一个寒噤，她抬起了头，停了舞，张大了眼睛，望着透光的鬼影睁眼的看，在那一瞥间她见着了，她也明白了，她知道完了——她手掩着面，她悲切切的哭了。她同舞的那位男子用手去揽着她，低下头去软声的安慰她——在泼水似的地平上，他拥着掩面悲泣的她慢慢走回坐位，去坐下了。

音乐还是不断的奏着。

十二点了。你还没有消息，我再上床去躺着想吧。

十二点三刻了。还是没有消息。水管的水声，像是沥淅的秋雨，真恼人。为什么心头这一阵阵的凄凉；眼泪——线条似的挂下来了！写什么，上床去吧。

一点了。一个秋虫在阶下鸣，我的心跳；我的心一块块的迸裂；痛！写什么，还是躺着去，孤单的痴人！

一点过十分了。还这么早，时候过的真慢呀！

这地板多硬呀，跪着双膝生痛；其实何苦来，祷告又有什么用处？人有没有心是问题；天上有没有神道更是疑问了。

志摩啊你真不幸！志摩啊你真可怜！早知世界是这样的，你何必投娘胎出世来！这一腔热血迟早有一天呕尽。

一点二十分！

一点半——Marvellous!!②

十二点了，你还没有消息，我再上床去糊着好吧。

十二点三刻了，还是没有消息，水管的水响，像是涩涩的欷歔，玻璃窗……掛下泪了！写什麽……

才什麽心境读这一阵的读诗，跟便——……线条似的递裂，痛！

上床去吧。

一点了，不耐烦在阶下鸣，我的心跳，我的心一提一提的递裂，痛！

写什麽，还是糊着去，孤单的诗人！

一点过十分了，还这麽早，时候过的真慢呀。

远地板多麽呼热着乱腾，痛，共实在长夜，谁吾又为什麽用

爱，人方法怎是问题，天上若内有神道更是疑问了。

志摩你何苦真苦，志摩你何苦，早知世界是这样的，你何

必找娘胎出来！这一腔热血还早去一天呕尽。

一点二十分——

一点半——Marvelle!!

一点三十五分——Life is too charming, too charming

Hsü Chimo
H. Cho:

一点三十五分——Life is too charming, too charming indeed, Haha!!③

一点三刻——O is that the way woman love! Is that the way women love!④

一点五十五分——天呀！

两点五分——我的灵魂里的血一滴滴的在那里吊……

两点十八分——疯了！

两点三十分——

两点四十分——

"The pity of it, the pity of it, Iago!"

Christ, what a hell

Is packed into that line！ Each syllable

Blessed when you say it.……⑤

两点五十分——静极了。

三点七分——

三点二十五分——火都没了！

三点四十分——心茫然了！

五点欠一刻——咳！

六点三十分

七点二十七分

①北京西单石虎胡同 7 号，这是一座四合院，松坡图书馆所在地。②了不得！③大意是：人生的确乐趣无穷，太迷人了，哈哈！④大意是：哦，女人的爱原来如此！女人的爱原来如此！⑤大意是：多么可惜呀，多么可惜呀，依阿古！这句话蕴含了基督教的很多内容！当你读出来的时候，一字一句，一个音节都是神圣的。引自莎士比亚剧作《奥赛罗》。

第 [8] 篇　·　灵魂

八月十九日

　　眉，你救了我，我想你这回真的明白了，情感到了真挚而且热烈时，不自主的往极端方向走去，亦难怪我昨夜一个人发狂似的想了一夜，我何尝成心和你生气，我更不会存一丝的怀疑，因为那就是怀疑我自己的生命，我只怪嫌你太孩子气，看事情有时不认清亲疏的区别，又太顾虑，缺乏勇气。须知真爱不是罪（就怕爱而不真，做到真字的绝对义那才做到爱字），在必要时我们得以身殉，与烈士们爱国，宗教家殉道，同是一个意思。

　　你心上还有芥蒂时，还觉着"怕"时，那你的思想就没有完全叫爱染色，你的情没有到晶莹剔透的境界，那就比一块光泽不纯的宝石，价值不能怎样高的。昨晚那个经验，现在事后想来，自有它的功用，你看我活着不能没有你，不单是身体，我要你的性灵，我要你身体完全的爱我，我也要你的性灵完全的化入我的，我要的是你的绝对

十九

菊农救了我，我想你这回真的明白了，情感到了真挚而且热烈时，不自

主的性格病的走去，我何尝减少一份志气，我更不会有一丝的悔意，

因为那就是怀疑我自己的生命，我不相信这其实太孩子气，看事情

太分不误情就疏忽了区别，又太轻率，缺乏勇气，经知真爱不是罪

（我怕爱而不真，怕到真字似绝对兼承才似到爱字），在在要叫我们得

一身狗，与丑士们爱国崇拜字狗逶，同是一个意思。迫你心上逶

古人亦时，远凭善心怕泣，难求你的恩恕就叫古完全叫爱染色，你

世情以有的甜蜜温透的法景，亦成此一块无痕不化似宝石，质五

不能怎样了吗。 咳晚那个任驼·把底事没得来·自去完的地用·

你看我没法看不能准有你要毛身待·我要作身

待定全的爱成·我也要你的性是完到他化的我的·我要的是你的把你的全

那——两为我爱你也是你对的全部·养才养得起一个爱家

是吾因主恶相爱我·你无那们待爱要代的信·一切的办方法能让你却意

人·再还有你行日信等·陷威主之沈洪·过信·任要知道·养天是你陣陣你

你还人宗一件记了我当毛什善·第也之毛你快待·至陸是你你的人任急事有·

在两情的交床中·信与爱再啥自的·定也九决了小沈姊交抱·毛啊月吧

再两意情不是你室牛们的经性·必老九决了小沈姊交抱了·

我们要来西去之海纹的·爱毛人生做伟大的一件事实·如何少得了一

的·方綱不爱去湖纹的·爱毛人做伟大的一件事实·如果不要方性回分·室不不是方纵世

个完全·一定得整个探塑个整个化 一整个像转他在水化·才毛吧

好的事业有了那一天这一生也就白白交代了。

有方才好讲恋情愿还来死去，我才放心你爱我是有把了；事实上……到了临场

要是有切实准备好，原来初恋的事等到头实成了死恨还送的颓丧。

世间之们是怎气人，所以只临头顶天，去的好过去了留着夜夜

人！把们不至不格外自怨。

我不借要爱的肉眼认识我的肉身，我要你的灵眼认识我的灵魂。

的全部——因为我献给你的也是绝对的全部，那才当得起一个爱字。在真的互恋里，眉，你可以尽量，尽性的给，把你一切的所有全给你的恋人，再没有任何的保留，隐藏更不须说；这给，你要知道，并不是给，像你送人家一件袍子或是什么，非但不是给掉，这给是真的爱，因为在两情的交流中，给与爱再没有分界；实际是你给的多你愈富有，因为恋情不是像金子似的硬性，它是水流与水流的交抱，是明月穿上了一件轻快的云衣，云彩更美，月色亦更艳了。

眉，你懂得不是，我们买东西尚且要挑剔，怕上当，水果不要有蛀洞的，宝石不要有斑点的，布绸不要有皱纹的，爱是人生最伟大的一件事实，如何少得了一个完全：一定得

整个换整个，整个化入整个，像糖化在水里，才是理想的事业，有了那一天，这一生也就有交代了。

眉，方才你说你愿意跟我死去，我才放心你爱我是有根了；事实不必有，决心不可不有，因为实际的事变谁都不能测料，到了临场要没有相当准备时，原来神圣的事业立刻就变成了丑陋的顽笑。

世间多的是没志气人，所以只听见顽笑，真的能认真的能有几个人；我们不可不格外自勉。

我不仅要爱的肉眼认识我的肉身，我要你的灵眼认识我的灵魂。

第 [9] 篇 · **应酬**

八月二十日

我还觉得虚虚的，热没有退净，今晚好好睡就好了。这全是自讨苦吃。

我爱那重帘，要是帘外有浓绿的影子，那就更趣了。

你这无谓的应酬真叫人不耐烦，我想想真有气，成天遭强盗抢。老实说，我每晚睡不着也就为此。眉，你真的得小心些，要知道"防微杜渐"在相当时候是不可少的。

我總覺得塵緣的，起止有定準，今既好，睡就好了，這全是自

誇言笑。

我愛那重霧，要是霧外更濃淡的釘子，那就更趣了。

你這無謂的應酬真叫人不耐煩，我想三真有三氣，成天還瑣盤擦，

老實說，我每晚睡不着如我為別，眷你真的得小些，要知這阿微壯

漸在枕高叶陵兰不可多的

第 [10] 篇 · **忧愁**

八月二十一日

眉，醒起来，眉，起来，你一生最重要的交关已经到门了，你再不可含糊，你再不可因循，你成人的机会到了，真的到了。他已经把你看作泼水难收，当着生客们的面前，尽量的羞辱你；你再没有志气，也不该犹豫了；同时你自己也看得分明，假如你离成了，决不能再在北京耽下去。我是等着你，天边去，地角也去，为你我什么道儿都欣欣的不踌躇的走去。

听着：你现在的选择，一边是苟且暧昧的图生，一边是认真的生活；一边是肮脏的社会，一边是光荣的恋爱；一边是无可理喻的家庭，一边是海阔天空的世界与人生；一边是你的种种习惯，寄妈舅母，各类的朋友，一边是我与我的爱。认清楚了这回，我最爱的眉呀，

眉，醒起来，肯起来，你一生最重要的父母也住到门了，你再不可含糊，你每不可耽搁，你成人的机会到了，真的到了。已经

把你看作溪水难收，书一著生发的雨而，你这能羞辱你；你就成了，快名你再在北京歌下去，你就是等青任，去逃去，地角

再过若干岁，也不改猫样了！明时你自己也看得不明白处；你究为你我什么都逃不是都依从如不涛瀑如走去。 晓得任地

你就成了。快名你再在北京歌下去，....

花的选择，一边是寡说的新贵，一边是....的围生，正是退喜的生陪。

一边是寡说的新贵，一边是克荣的老意，一边是青了此苦，一边是你的爱托

我的勇情，等妈写来，主题的朋友，一边是你与你的爱。祝镇

我了这回，都最爱的名呼，差一毫杜炮，浙口千里，二一失足

林了这回，都最爱的名呼....的快心，件爱任期望你的真

成千古地心，你喜的日下一个完全台主

朋友们一致起敬你才好呢！

好意吗？你厚信任的话，到什么候你才听我的话你不信我

吾，再什么你不作我的话，....你不信你 不肯听我

「差以毫厘，谬以千里」，「一失足成千古恨」，你真的得下一个完全自主的决心，叫爱你期望你的真朋友们，一致起敬你才好呢！

眉，为什么你不信我的话，到什么时候你才听我的话；你不信我的爱吗？你给我的爱不完全吗？为什么你不肯听我的话，连极小的事情都不依从我——倒是别人叫你上那儿你就梳头打扮了快走。你果真爱我，不能这

样没胆量，恋爱本是光明事。为什么要这样子偷偷的，多不痛快。

眉，要知道你只是偶尔的觉悟，偶尔的难受，我呢，简直是整天整晚的叫忧愁割破了我的心。O May! love me, give me all your love, let us become one; try to live into my love for you, let my love fill you, nourish you, caress your darling body and hug your darling soul too; let my love stream over you, merge you thoroughly; let me rest happy

and confident in your passion for me！ ①

忧愁他整天拉着我的心，

像一个琴师操练他的琴；

悲哀像是海礁间的飞涛，

看他那汹涌听他那呼号！

①大意是：哦，眉！爱我，你全部的爱都给我！让咱俩合二
为一，让你生活在我的爱里，让我的爱注入你的全部身心，
滋养你，爱抚你无可畏惧的玉体，拥抱你无可畏惧的心灵，
让我的爱洒满你的全身，把你全部吞没，让你休憩在你赐予
我的热情当中，幸福而又充满自信！

第 [11] 篇 · **感动**

八月二十二日

眉，今儿下午我实在饿荒了，压不住上冲的肝气，就这么说吧，倒叫你笑话酸劲儿大，我想想是觉着有些过分的不自持，但同时你当然也懂得我的意思。我盼望，聪明的眉呀，你知道我的心胸不能算不坦白，度量也不能说是过分的窄，我最恨是琐碎地方认真，但大处要分明，名分与了解有了就好办，否则就比如一盘不分疆界的棋，叫人无从下手了。很多事情是庸人自扰，头脑清明所以是不能少的。

你方才跳舞说一句话很使我自觉难为情，你说"我们还有什么客气？"难道我真的气度不宽，我得好好的反省才是。眉，我没有怪你的地方，我只要你的思想与我的合并成一体，绝对的泯缝，那就不易见错儿了。

三二

眉：今天下午我实在是饿慌了，壁不住上街吃饭。我这几

天吧，你叫我笔张九酸劲儿大，我想，我觉着市上这几天的

不自持，但见可什你古坐也慌，们的意思，我前看，聪明的看

字，你知道我放心胸不然等不但分，爱量也不能说是过分的

容，我最怕是顶标地方退真，但大事要分明，名分改

与了解古了就好办，忘到我比如一整不小随景的模小心

上老挺不手头，你多事情无病人自扰，须临时明所以

是不解也。

倚方才疏寿说与话起使我日觉难为情，你说我们遇古

什么客气儿，难道我真的气变不宽，我门好的反古才是。

我们得互相体谅；在你我间的一切都得从一个爱字里流出。

我一定听你的话，你叫我几时回南我就回南，你叫我几时往北我就几时往北。

今天本想当人前对你说一句小小的怨语，可没有机会，我想说，"小眉真对不起人，把人家万里路外叫了回来，可连一个清静谈话的机会都没给人家！"下星期西山去一定可以有机会了，我想着就起劲，你呢，眉？

我较深的思想一定得写成诗才能感动你，眉，有时我想就只你一个人真的懂我的诗，爱我的诗，真的我有时恨不得拿自己血管里的血写一首诗给你，叫你知道我爱你是怎样的深。

眉，我的诗魂的滋养全得靠你，你得抱着我的诗魂像抱亲孩子似的，他冷了你得给他穿，他饿了你得喂他食——有你的爱他就不愁饿不怕冻，有你的爱他就有命！

眉，你得引我的思想往更高更大更美处走；假如有一天我思想堕落或是衰败时就是你的羞耻，记着了，眉！

已经三点了，但我不对你说几句话我就别想睡。这时你大概早睡着了，明儿九时半能起吗？我怕还是问题。

你不快活时我最受罪，我应当是第一个有特权有义务给你慰安的人不是？下回无论你怎样受了谁的气不受用时，只要我在你旁边看你一眼或是轻轻的对你说一两个小字，你就应得宽解；你永远不能对我说"Shut up"①（当然你决不会说的，我是说笑话），叫我心里受刀伤。

我们男人，尤其是像我这样的痴子，真也是怪，我们的想头不知是那样转的，比如说去秋那"一双海电"，为什么这一来就叫一万二千度的热顿时变成了冰，烧得着天的火立刻变成了灰，也许我是太痴了，人间绝对的事情本是少有的。All or Nothing②到如今还是我做人的标准。

眉，你真是孩子，你知道你的情感的转向来的多快，一会儿气得话都说不出，一会儿又嚷吃面包了！

今晚与你跳的那一个舞，在我是最enjoy③不过了，我觉得从没有经验过那样浓艳的趣味——你要知道你偶尔唤我时我的心身就化了！

①别说了。②不完全则宁毋。③享受。

第 [12] 篇 · 阴霾

八月二十三日

　　昨晚来今雨轩①又有慷慨激昂的"援女学联会"②，有一个大胡子矮矮的③，他像是大军师模样，三五个女学生一群男学生站在一起谈话，女的哭哭噪噪，一面擦眼泪，一面高声的抗议，我只听见"像这样还有什么公理呢？"又说"谁失踪了，谁受重伤了，谁准叫他们打死了，唉，一定是打死了，乌乌乌乌……"

　　眉倒看得好玩，你说女人真不中用，一来就哭；你可不知道女人的哭才是她的真本领哩！

　　今天一早就下雨，整天阴霾到底，你不乐，我也不快；你不愿见人，并且不愿见我；你不打电话，我知道你连我的声音都不愿听见，我可一点也不怪你。眉，我懂得你的抑郁，我只抱歉我不能给你我应分的慰安。

十一点半了，你还不曾回家，我想像你此时坐在一群叫嚣不相干的俗客中间，看他们放肆的赌，你尽愣着，眼泪向里流着，有时你还得陪笑脸。眉，你还不厌吗，这种无谓的生活，你还不造反吗，眉？

我不知道我对你说着什么话才好，好像我所有的话全说完了，又像是什么话都没有说，眉呀，你望不见我的心吗？

这凄凉的大院子今晚又是我单个儿占着，静极了，我觉得你不在我有时门大家见面打哈～到哈有什么，这回来了不对了，悲惨的颜色，紧急的四情调，那都来了。但见面时还得装作，那就是痛苦，连旁观人都受着的，所以他不愿意来，虽则他很miss你。

他明天见娘谈话去，他再不见效，谁都不能见效了，他真是好朋友，他见到，他也做到，我们的将来全靠着谢他了，他来信有这我句话——我觉是自己告助的可悲。但是若小眉，我觉是自己运气比你好了，如弟我精神上来勉世事了可做些事情，姊却难上难，二不犯心主意。院里很。志摩，你们都岁月深沉，如何你保守健康精神与身体。是姊何必近悃友，各不代姊设法设想。使姊後来不去。兵是子情，我去中惆的衣不好参与家事……

的周围，我想飞上你那里去，一时也像飞不到的样子，眉，这是受罪，真是受罪！方才"先生"④说他这一时不很上我们这儿来，因为他看了我们不自然的情形觉着不舒服，原来事情没有到门，大家见面打哈哈到没有什么，这回来可不对了，悲惨的颜色，紧急的情调，一时都来了，但见面时还得装作，那就是痛苦，连旁观人都受着的，所以他不愿意来，虽则他很Miss⑤你。他明天见娘谈话去，他再不见效，谁都不能见效了，他真是好朋友，他见到，他也做到，我们将来怎样答谢他才好哩。

S⑥来信有这几句话——我觉得自己无助的可怜，但是一看小曼，我觉得自己运气比她高多了，如果我精神上来，多少可以做些事业，她却难上难，一不狠心立志，险得狠。岁月蹉跎，如何能保守健康精神与身体，志摩，你们都是她的至近朋友，怎不代她设想设想？使她蹉磨下去，真是可惜，我是巾帼到底不好参与家事……

①位于北京中山公园西门。②支援北京女子师范大学风潮。③指沈钧儒。④指胡适。⑤惦记。⑥指凌叔华。

第 [13] 篇 · 改变

八月二十四日

这来你真的狠不听话，眉，你知道不？也许我不会说话，你不爱听；也许你心烦听不进，今晚在真光我问你记否去年第一次在剧场觉得你的发鬟擦着我的脸，（我在海拉尔①寄回一首诗来纪念那初度尖锐的官感，在我是不可忘的，）你理都没有理会我，许是你看电影出了神，我不能过分怪你。

今晚北海真好，天上的双星那样的晶清，隔着一条天河含情的互睬着；满池的荷叶在微风里透着清馨；一弯黄玉似的初月在西天挂着；无数的小虫相应的叫着；我们的小舫在荷叶丛中刺着，我就想你，要是你我俩坐着一只船在湖心里荡着，看星，听虫，嗅荷馨，忘却了一切，多幸福的事，我就怨你这一时心不今夜。许是你看电影出了神，我不能怪你。

今晚北海真好，天上的初月挂得那样清，隔着一缕一缕的柳丝有情……玉似的初月在西天挂着，无数的小花和小草一齐一齐的向地上的荷叶中制着……小艇走着笑着……（我同舟，我怎能忘了曾禁……病，想起李白郭同舟望着仙……你不要笑我……要是你和俩生着一支船在湖心里望着曾篷稳靠，笑看起来，岂不是一场……多幸福的事。

我就怨你这一时心不静，思想不清，我怎能忘了……同我……的白……

多，我敢说你多忘了一件杂事，你就多一分心思留给你的爱：你看看地上的草色，看三元上的星光，摸摸自己的胸膛……自问究竟你的灵魂得到了寄托没有……你在这一生寻不出……你去北京城忆他之不安，你的意义在有……

清明思想的——大自然提醒我们的内心的愿望。

我想我以后写下的不拿给你看了，眉，一则因为天天看烦的很……

静，思想不清，我要你到山里去也就为此。你一到山里心胸自然开豁的多，我敢说你多忘了一件杂事，你就多一分心思留给你的爱：你看看地上的草色，看看天上的星光，摸摸自己的胸膛，自问究竟你的灵魂得到了寄托没有，你的爱得到了代价没有，你的一生寻出了意义没有？你在北京城里是不会有清明思想的——大自然提醒我们内心的愿望。

我想我以后写下的不拿给你看了，眉，一则因为天天看烦得很，反正是这一路的话，这爱长爱短老听也是怪腻烦的；二则我有些不甘愿因为分明这来你并不怎样看重我的"心声"。我每天的写，有功夫就写，倒像是我唯一的功课，狠多是夜阑人静半夜三更写的，可是你看也就翻过算数，到今天你那本子还是白白的，我问你劝你的话你也从不提及，可见你并不曾看进去，我写当然还是写，但我想这来不每天缴卷似的送过去了，我也得装装妈虎，等你自己想起时问起时真的要看时再给你不迟。我记得（你记得吗，眉？）才几个月前你最初与我秘密通讯时，你那时的诚恳，焦急，需要，怎样抱怨我不给你多写，你要看我的字就比掉在岸上的鱼想水似的急，——咳，那时间我的肝肠都叫你摇动了，眉！难道这几个月来你已经看够了不成？我的话准没有先前的动听，所以你也再不着急要，虽则我自问我对你一往的深情真是一天深似一天，我想看你的字，想听你的话，想搂抱你的思想，正比你几个月前想要我的有增无减——眉，这是什么道理？我知道我如其尽说这一套带怨意的话，你一定看得更不耐烦，我真是愈来愈蠢了，什么新鲜的念头，讨人欢喜招人乐的俏皮话一句也想不着，这本子一页又一页只是板着脸子说的郑重话，那能怪你不爱看——我自个儿活该不是？下回我想来一个你给我的信的一个研究——我要重新接近你那时的真与挚，热烈与深刻。眉，你知道你那时偶尔看我一眼，那一眼里含着多少的深情呀！现在你快正眼都不爱觑我了，——眉，这是什么道理？

你说你心烦，所以连面都不愿见我——我懂得，我不怪你，假如我再跑了一次看看——我不在跟前时也许你的思想到会分给我一些——你说人在身边，何必再想，真是！这样来我愿意我立即死了，那时我倒可以希望占有你一部分纯洁的思想的快乐。眉，你几时才能不心烦？你一天心烦，我也一天心不安，因为我们俩的思想镶不到一起，随我怎样的用力用心——

眉，假如我逼着你跟我走，那是说到和平办法真没有希望时，你将怎样发付我？不，我情愿收回这问句，因为你也许忍心拿一把刀插在爱你的摩的心里！

咳，"以不了了之"，什么话！我倒不信，徐志摩不是懦夫，到相当时候我有我的颜色，无耻的社会你们看着吧！

眉，只要你有一个日本女子一半的痴情与侠气——你早跟我飞了，什么事都解决了。乱丝总得快刀斩，眉，你怎的想不通呀！

上海有时症，天又热，我也有些怕去。

①在今内蒙古自治区呼伦贝尔市。

第 [14] 篇 · 花开

八月二十五日

眉，你快乐时就比花儿开，我见了直乐！

第 [15] 篇 · **真爱**

八月二十七日

两天不亲近爱眉小扎了，真觉得抱歉。

香山去只增添、加深我的懊丧与惆怅，眉，没有一分钟过去不带着想你的痴情，眉，上山，听泉，折花，望远，看星，独步，嗅草，捕虫，寻梦——那一处没有你，眉，那一处不惦着你眉，那一个心跳不是为着你眉！

我一定得造成你眉；旁人的闲话我愈听愈恼，愈愤愈自信！眉，交给我你的手，我引你到更高处去，我要你托胆的完全信任的把你的手交给我。

我没有别的方法，我就有爱；没有别的天才，就是爱；没有别的能耐，只是爱；没有别的动力，只是爱。

我是极空洞的一个穷人，我也是一个极充实的富人——我有的只是爱。

眉，这一潭清冽的泉水；你不来洗濯谁来；你不来解渴谁来；你不来照形谁来！

我白天想望的，晚间祈祷的，梦中缠绵的，平旦时神往的——只是爱的成功，那就是生命的成功。

是真爱不能没有力量；是真爱不能没有悲剧的倾向。

眉，"先生"[①]说你意志不坚强，所以目前逢着有阻力的环境倒是好的，因为有阻力的环境是激发意志最强的一个力量，假如阻力再不能激发此是爱的成功,亦并不是生命的成功。

是真爱不能没有力量,是真爱不能没有悲剧的倾向

……没你意志不坚定,所以目着逢着阻力的环境

你是好的,因为有阻力的环境是像爱志最深的一个力

觉,何如没力再奋激发高志时,那事情也就不易了。

这时候各家的看法各各不同,眉,你觉出了没有?有绝对

怀疑的;有相对怀疑的;有部分同情的;有完全同情的

(那很少除是老K)有嫉忌的;有阴谋破坏的("那最危险")

有肯积极助成的;有愿消极帮忙……都有。但是,眉;

听着,一切都跟着你我自身走;只是你我有志,有志气、

意志时,那事情也就不易了。这时候各家的看法各各不同,眉,你觉出了没有?有绝对怀疑的;有相对怀疑的;有部分同情的;有完全同情的（那很少,除是老K②）;有嫉忌的;有阴谋破坏的（那最危险）;有肯积极助成的;有愿消极帮忙的……都有。但是,眉;听着,一切都跟着你我自身走;只要你我有意志,有气,有勇,加在一个真的情爱上,什么事不成功真的!

有你在我的怀中,虽则不过几秒钟,我的心头便没有忧愁的踪迹;你

有勇，加上一个真的情爱上，什么事不成功 的！

书在在我的怀中，耕到大过家物情，我的心灵便方爱起似读读；

你在在我的书前，我的心乱你扑烧似的思想。

你不离，不抽定你我穷一生，不论多少，抱着你的思想

与抱着你的温柔的肉体，同样是我这辈子至上的快乐。

往高处走，眉，往高处走！

我不愿意你过分"爱物"，不愿意你随便化钱，无形中

养成若什么非要到什么不可的习惯，我将来决不

会怎样赚钱的，即使有机会我也不来，再为我想定奢侈

的生活不是高尚的生活。

爱，生活在模做生活中，是有真生命的，侍一柔朝宵没

着的小若死；在金钱生活中即使有爱石碑纯粹，

不能自处，你是道屋子里点出来的花，一年之就肴

美意的爱恋。

不在我的当前，我的心就像挂灯似的悬着。

　　你为什么不抽空给我写一点？不论多少，抱着你的思想与抱着你的温柔的肉体，同样是我这辈子无上的快乐。

　　往高处走，眉，往高处走！

　　我不愿意你过分"爱物"，不愿意你随便化钱，无形中养成"想什么非要到什么不可"的习惯；我将来决不会怎样赚钱的，即使有机会我也不

来，因为我认定奢侈的生活不是高尚的生活。

爱，在俭朴的生活中，是有真生命的，像一朵朝露浸着的小草花；在奢华的生活中，即使有爱，不能纯粹，不能自然，像是热屋子里烘出来的花，一半天就有衰萎的忧愁。

论精神我主张贵族主义；谈物质我主张平民主义。

眉，你闲着时候想一想，你会不会有一天厌弃你的摩。

不要怕想，想是领到"通"的路上去的。

受朋友怜惜与照顾也得有个限度，否则就有界限不分明的危险。

小的地方要防，正因为小的地方容易忽略。

---

① 指胡适。② 金岳霖（1895～1984年），哲学家，徐志摩、林徽因的朋友。

第 [16] 篇 · 心血

八月二十八日

这生活真闷死得人，下午等你消息不来时我反仆在床上，凄凉极了，心跳得飞快，在迷惘中呻吟着"Let me die, let me die, o love!"①

眉，你的舌头上生疱，说话不利便；我的舌头上不生疱，说话一样的不能出口，我只能连声的叫你，眉，眉，你听着了没有？

为谁憔悴？眉，今天有不少人说我。

老太爷防贼有功，应赏反穿黄马褂！

心里只是一束乱麻，叫我如何定心做事。

"南边去防口实"，咳眉，这回再要"以不了了之"，我真该投身西湖做死鬼了。我本想在南行前写完这本日记的，但看情形怕不易了，眉，这本子里不少我的呕心血的话，你要是随便翻过的话，我的心血就白呕了！

①大意是：让我死吧，让我死吧，呵，爱情！

这生活真无得人。下午等你的信息不来，好好反作至床上堆涼枕。

心池心平忧。主连啊中呻咛着 *Lit ko ke, kk ke du. O Love.*

著，你的舌头上生疮。该该不利便。你如舌头上不生疮，说话一样的不成你出

二·我也能连声的叫你，看，看，你听着，没有。

西雅携情身，今天有不少人说我。

老太爷陌贼有功，应赏反军爵写祥。

心裡总是一束杞麻，午餐如何定心做事。

"南边々陷々宽，暖者远回再要心不了了之" 我真该挺身西湖做反思去了，

我本想去南行为写完这本日记的，但右情形怕不多了，看这本子得

不少我的恨心旦的话，你要是随便翻過的话，我的心就白喔了！

第 [17] 篇 · **释然**

八月二十九日

眉，今天今晚我释然得狠。

第 [18] 篇 · **爽然**

八月三十一日

眉，今晚我只是"爽然"！

"如此星辰非昨夜，为谁风露立终宵"，多凄凉的情调呀！北海月色荷香，再会了！

织女与牛郎，清浅一水隔，相对两无言，盈盈复派派。

第 [19] 篇 · 惊喜

九月五日　上海

前几天真不知怎样过的，眉呀，昨晚到站时"谭谭"背给我听你的来电，他不懂得末尾那个眉字，瞎猜是密码还是什么，我真忍不住笑了——好久不笑了眉，你的摩！

"先生"真可人，"一切如意——珍重——眉"多可爱呀，救命王菩萨，我的眉！这世界毕竟不是骗人的，我心里又漾着一阵甜味儿，痒齐齐怪难受的，飞一个吻给我至爱的眉，我感谢上苍，真厚待我，眉终究不负我，忍不住又独自笑了。昨夜我住在蒋家，覆去翻来老想着你，那睡得着，连着蜜甜的叫你嗔你亲你，你知道不，我的爱？

今天捱过好不容易，直到十一时半你的信才来，阿弥陀佛，我上天了。我一壁开信就见着你肥肥的字迹我就乐想躲着眉，我妈坐在我对桌，我爸躺在床上同声笑着骂了，"谁来看你信，这鬼鬼祟祟的干么！"我倒怪不好意思的，念你信时我面上一定很有表情。一忽儿紧皱着眉头，一忽儿笑逐颜开，妈准递眼风给爸笑话我哪！

眉，我真心的小龙，这来才是推开云雾见青天了！我心花怒放就不用提了，眉，我恨不得立刻搂着你，亲你一个气都喘不回来，我的至宝，我的心血，这才是我的好龙儿哪！

你那里是披心沥胆，我这里也打开心肠来收受你的至诚——同时我也不敢不感激我们的"红娘"，他真是你我的恩人——你我还不争气一些！

说也真怪，昨天还是在昏沉地狱里坑着的，这来勇气全回来了。你答应了我的话，你给了我交代，我还不听你话向前做事去，眉，你放心，你的摩也不能不给你一个好"交代"！

今天我对P全讲了，他明白，他说有办法，可不知什么办法？

真厌死人，娘还得跟了来！我本想到南京去接你的，她若来时我连上车站都不便，这多气人。可是我听你话眉，如今我完全听你话，你要我怎办就怎办，我完全信托你，我耐着——为你眉。

眉，你几时才能再给我一个甜甜的——我急了！

第 [20] 篇 · 风波

九月八日

风波，恶风波。

眉，方才听说你在先施吃冰其林剪发，我也放心了；昨晚我说——"The absolute way out is the best way out."①

我意思是要你死，你既不能死，那你就活；现在情形大概你也活得过去，你也不须我保护；我为你已经在我的灵魂上涂上一大塔的窑煤，我等于说了谎，我想我至少是对得住你的；这也是种气使然，有行动时只是往下爬，永远不能向上争，我只能暂时洒一滴创心的悲泪，拿一块冷笑的毛毡包起我那流鲜血的心，等着再看随后的变化罢。

我此时竟想立刻跑开，远着你们，至少让"你的"几位安安心；我也不写信给你，也没法眉，方才听说你在先把安水其林买发，我也放心了，那晚我说——

"This is absolute way out is the best way out."

我意思是要你死；你既不能死，那你默然，现立情形大概上逼上一大

得过去，你也不须我的保护，我看你已往在我的作的是……这也是

错气使坏，有行动时才是最下流，承逸不做，我马能救你？

西一阁剑心的悲愤，拿一堆冷灰烬也起我那流鲜血的心争

我对克思主刻规刚，远素他们，让你的交往安心，我也不写行

给你，也作作写信；我也不想报复，虽则你娘的横蛮真叫人发指

错，我也要安慰，我自己会骗自己的，罢了，罢了，真罢了

一切人的生活都是说谎打底的，志摩，你这个痴子妄想拿真去代

去代谎，结果你自己轮着双层的大谎，罢了，罢了，真罢了

眉难道这就是你我的下场头？难道老婆婆

一条的命就活活的吓倒了我们，真的蛮横压得倒真情吗？

写信；我也不想报复，虽则你娘的横蛮真叫人发指；我也不要安慰，我自己会骗自己的，罢了，罢了，真罢了！

一切人的生活都是说谎打底的，志摩，你这个痴子妄想拿真去代谎，结果你自己轮着双层的大谎，罢了，罢了，真罢了！

眉，难道这就是你我的下场头？难道老婆婆的一条命就活活的吓倒了我们，真的蛮横压得倒真情吗？

眉，我现在只想在什么时候再有机会抱着你痛哭一场——我此时忍不

住悲泪直流，你是弱者眉，我更是弱者的弱者，我还有什么面目见朋友去，还有什么心肠做事情去——罢了，罢了，真罢了！

眉，留着你半夜惊醒时一颗凄凉的眼泪给我吧，你不幸的爱人！

眉，你镜子里照照，你眼珠里有我的眼水没有？

唉，再见吧！

①大意是：别无选择的出路才是最好的出路。

第 [21] 篇 · 悲泪

九月九日

今晚许见着你，眉，叫我怎样好！Z说我非但近痴，简直已经痴了。方才爸爸进来问我写什么，我说日记，他要看前面的题字，没法给他看了，他指了指"眉"字，笑了笑，用手打了我一下。爸爸直通人情，前夜我没回家他急得什么似的一晚没睡，他说替我"捏着一大把汗"，后来问我怎样，我说没事，他说"你额上亮着哪"，他又对我说"像你这样年纪，身边女人是应得有一个的，但可不能胡闹，以后，有夫之妇总以少接近为是"。我当然不能对他细讲，点点头算数。

昨晚我叫梦象缠得真苦，眉你真害苦了我，叫我怎生才是？我真想与你与你们一家人形迹上完全绝交，能躲避处躲避，免不了见面时也只随便敷衍。我恨你的娘刺骨，要不为你爱我，我要叫她认识我的厉害！等着吧，总有一天报复的！

　　我见人都觉着尴尬，了解的朋友又少，真苦死。前天我急极时忽然想起了 LY，她多少是个有侠气的女子，她或能帮忙，比如代通消息，但我现在简直连信都不想给你通了，我这里还记着日记，你那里恐怕连想我都没有时候了，咳，我一想起你那专暴淫蛮的娘！

　　　　我来扬子江边买一把莲蓬：

我来剥开一把莲蓬：
手剥一层～的莲衣，
看江鸥在眼前飞，
忍含着一眼悲泪，——
我想着你，我想着你，啊小龙！
我尝一尝莲瓤，回味曾经的温存——
那阶前不卷的重帘，
掩护着销魂的欢恋，
我又听着你的盟言：
"永远是你的，我的身体，我的灵魂——
我尝一尝莲心，我的心比莲心苦
整夜夜独怔仲，
捱不尽的悲苦，
谁知你的苦痛？——

手剥一层层的莲衣，

看江鸥在眼前飞，

忍含着一眼悲泪，——

我想着你，我想着你，啊小龙！

我尝一尝莲瓤，回味曾经的温存——

那阶前不卷的重帘，

掩护着销魂的欢恋，

我又听着你的盟言：

"永远是你的，我的身体，我的灵魂。"

我尝一尝莲心，我的心比莲心苦，

　　我长夜里怔忡，

　　挣不开的恶梦；

　　谁知我的苦痛？

你害了我，爱，这是叫我如何过？

但我不能说你负，更不能猜你变；

　　我心头只是一片柔，

　　你是我的！我依旧

　　将你紧紧的抱搂；

除非是天翻，但我不能想像那一天！

　　　　　　九月四日　沪宁道上

第 [22] 篇 · **绝望**

九月十日

"受罪受大了"！受罪受大了，我也这么说。眉呀，昨晚席间我浑身的肉都颤动了，差一点不曾爆裂，说也怪，我本不想与你说话的，但等到你对我开口时，我闷在心里的话一句都说不上来，我睁着眼看你来，睁着眼看你去，谁知道你我的心！

有一点我却不甚懂，照这情形绝望是定的了，但你的口气还不是那样子，难道你另外又想出了路子来？我真想不出。

见了我的劝告不知你何感想，亥！

第 [23] 篇 · **模糊**

九月十一日

眉，你到底是什么会事？你眼看着我流泪晶晶的说话的时候，我似乎懂得你，但转瞬间又模糊了；不说别的，就这现亏我就吃定的了，"总有一天报答你"——那一天不是今天，更有那一天？我心只是放不下，我明天还得对你说话。

事态的变化真是不可逆料，难道真有命的不成？昨晚在M外院微光中，你铄亮的眼对着我，你温热的身子亲着我，你说"除非立刻跑"，那话就像电火似的照亮了我的心，那一刹那间，我乐极，什么都忘了。因为昨天下午你在慕尔鸣路上那神态真叫我有些诧异，你一边咬得那样定，你心里究竟是什么一回事呢？所以我忍不住（怕你真又糊涂了）写了封信给他，亲自跑去送信，本不想见你的，他昨晚态度到不错，承他的情，我又占了你至少五分

十一日

钟，但我昨晚一晚只是睡不着，就惦着怎样"跑"。我想起大连，想叫"先生"下来帮着我们一点，这样那样尽想，连我们在大连租的屋子，相互的生活，都一一影片似的翻上心来。今天我一早出门还以为有几分希冀，这冒险的意思把我的心搔得直发痒，可万想不到说谎时是这般田地，说了真话还是这般田地，真是麻维勒斯了！

（手迹）

我心里只是一团迷，我爸我娘直替我着急，悲观得凶，可我又有什么办法？咳眉，你不能成心的害我毁我；你今天还说你永远是我的，我没法不信你，况且你又有那封真挚的信，我怎能不怜着你一点，这生活真是太蹊跷了！

第 [24] 篇 · 痴情

九月十三日

"先生"①昨晚来信，满是慰我的好意，我不能不听他的话，他懂得比我多，看得比我透，我真想暂时收拾起我的私情，做些正经事业，也叫爱我如"先生"的宽宽心，咳，我真是太对不起人了。

眉，一见你一口气就哽住了我的咽喉，什么话都说不出来了，他昨晚的态度真怪，许有什么花样，他临上马车过来与我握手的神情也顶怪的，我站着看你，心里难受就不用提了，你到底是谁的？昨晚本想与你最后说几句话，结果还是一句都说不成，只是加添了愤懑。咳，你的思想真混，眉，我不能不说你。这来我几时再见你眉？看你吧。我不放心的就是你许有澈悟的时候，真要我的时候，我又不在你的身旁，那便怎办？

西湖上见得着我的眉吗？

我本来站在一个光亮的地位，你拿一个黑影子丢上我的身来，我没法摆脱……

The sufferer has no right to pessimism. [②]

这话里有电，有震醒力！

十日在栈里做了一首诗：

今晚天正在平稳的下降时，

我想搂着她的手

任明月多照着！——

一样是清光，我独独回忆着残缺。

庭前有一树闪腾的玉兰花！

她有的是美丽秀，

外忘着她的娇惜！——

一样是芬芳，她怨着残夜。

院落里有一望迢迢的花梦，

她爱了秋潭，

不如继续剧烈！

败落了，她说，让我不悔我的痴情！

今晚天上有半轮的下弦月；

你想携着她的手，

往明月多处走——

一样是清光，我想，圆满或残缺。

庭前有一树腊开的玉兰花；

她有的是爱花癖，

我忍看她的怜惜——

一样是芬芳，她说，满花与残花。

浓荫里有一只过时的夜莺；

她受了秋凉，

不如从前浏亮——

快死了，她说，但我不悔我的痴情！

但这莺，这一树残花，这半轮月——

我独自沉吟，

对着我的身影——

她在那里呀，为什么伤悲，凋谢，残缺？

---

①指胡适。②受害者没有权利悲观。

第 [25] 篇 · 痛苦

九月十六日

你今晚终究来不来？你不来时我明天走
怕不得相见了；你来了又待怎样？我现在至
多的想望是与你临行一诀，但看来百分里没
有一分机会！你娘不来时许还有法想；她若
来时什么都完了。想着真叫人气；但转想即
使见面又待怎生，你还是在无情的石壁里嵌
着，我没法挖你出来，多见只多尝锐利的痛
苦，虽则我不怕痛苦。眉，我这来完全变了
个"宿命论者"，我信人事会合有命有缘，
绝对不容什么自由与意志，我现在只要想你
常说那句话早些应验——"我总有一天报答
你"，是的我也信，前世不论，今生是你欠
我债的；你受了我的礼还不曾回答；你的
盟言——"完全是你的，我的身体，我的灵

魂"——还不曾实践，眉，你决不能随便堕落了，你不能负我，你的唯一的摩！我固然这辈子除了你没有受过女人的爱，同时我也自信你也该觉着我给你的爱也不是平常的，眉，真的到几时才能清帐，我不是急，你要我耐我不是不能耐，但怕的是华年不驻，热情难再，到那天彼此都离朽木不远的时候再交抱，岂不是"何苦"？

我怕我的话说不到你耳边，我不知你不见我时心里想的是什么，我不能自由见你，更不能勉强你想我；但你真的能忘我吗？真的能忍心随我去休吗？眉，我真不信为什么我的运塞如此！

王庚：你好。昨天十车时将信至车上，初由打电话问你信已到，到来一问……

庚如信给出去——这一项的迴折，这上海的狂欢，不说知道……

方才通去了，谋谋了半晌，不尽不道，方法不断下去，我起作

约碍得。

昨天王楼如楼上馆睡四小康床甚昧，名晴，法们亦受欢来！

方才至煙室用与经言闭话，他说今天让事红至亦受了凉

微也叫弄写了，我给了又省怕的奶，陆谓 罢——

红至娘见此亦菽病

秋雨楼钟秋风怀

山居山际凭兇鸡泉

古人病之恬室深

我的心想不论望那一方向走，碰着的总是你，我的甜，你呢？

在家里伴娘睡两晚，可怜，只是在梦阵里颠倒，连白天都是这怔怔的。昨天上车时，怕你在车上，初到打电话时怕你已到，到春润庐时怕你就到——这心头的回折，这无端的狂跳，有谁知道？

方才送花去，踌躇了半晌，不忍不送，却没有附信去，我想你够懂得。

昨天在楼外楼上微醺时那凄凉味儿，眉呀，你何苦爱我来！

方才在烟霞洞与复之闲谈，他说今年红蓼红蕉都死了，紫薇也叫虫咬了，我听了又有怅触，随诌四句——

红蕉烂死紫薇病，
秋雨横斜秋风紧。
山前山后乱鸣泉，
有人独立怅空溟。

第 [26] 篇 · 结束

九月十七日

爸今天一定很怪我，早上没有同去，他已是不愿意，下午又没有回，他准皱眉！但他也一定有数，我为什么耽着；眉，我的眉，为你，不为你更为谁！可怜我今天去车站盼望你来，又不敢露面，心里双层的难受，结果还是白候，这时候有九时半！王福没电话来，大约又没有到，也许不叫打，我几次三番想写信给你可又没法传递，咳，真苦极了，现在我立定主意走了，不管了，以后就看你了，眉呀！想不到这爱眉小扎，欢欢喜喜开的篇，会有这样凄惨的结束，这一段公案到那一天才判得清？我成天思前想后的神思越恍惚了，再不赶快找"先生"寻安慰去，我真该疯了。

眉，我有些怨你；不怨你别的，怨你在京那一个月，多难得的日子，没多给我一点平安。你想想北海那晚上！眉，要不是你后来那封信，我真该疑你了。

十七日

爸今天一定很挂我，早上没有回去，他已走了，午牛又没有回

他早上病著！他他也一定不致，我为什麽忧著，各，省那著，为

你还为你忧着说！可惜如今天气重议忙得很，又不敢宽

雨心裡却如屋内欢爱，结果还是自慰，这怀候方九时半了，王

福没有电话来，大约又没有别，也许不叫在。我我次二三事都守

你的又没有作很，这，真去担了，现在她主定主定走了，不

等了，一体我去作了老婆，恕不坐这爱为小札，敬二老，南

如有遇方这样怀惜的结束，这一段生活别为一天才封得清，

我哎天忽有密约的神思越来越怅惘了，再不起快我

寄去，我去该飞了。若，我也写得够了，不怨你别的怒你

在言那一个月，多难得的日子，没多话我一上下云，作怎

北海亦晚上！若要不是惦後来亦封信，我亦该疑你了。

今天我又考倦，捆在这是陳，立挑一如躬立整宪亭下那互恨

　　今天我又发傻，独自去灵隐，直挺挺的躺在壑雷亭下那石条磴上寻梦，我故意把你那小红绢盖在脸上，妄想倩女离魂，把你变到壑雷亭下来会我！眉，你究竟怎样了，我那里舍得下你，我这里还可以现在似的自由的写日记，你那里怕连出神的机会都没有，一个娘，一个丈夫，手挽手的给你造上一座打不破的牢墙，想着怎不叫人恚愤！你说"Some day God will pity us"；but will there be such a day？[①]

　　昨晚把娘给我那玻璃翠戒指落了，真吓得我！恭喜没有掉了；我盼望有一天把小龙也捡了回来，那才真该恭喜那！

　　昏昏的度日，诗意尽有，写可写不成，方才凑成了四节。

昨天我冒着大雨去烟霞岭下访桂；

　　南高峰在烟霞中不见；

　　在一家松茅铺的屋沿前

　　我停步，问一个村姑今年

翁家山的丹桂有没有去年时的媚。

那村姑先对着我身上细细的端详；

　　"活像个羽毛浸瘪了的鸟，"

我心里想，她，定觉得蹊跷，

在这大雨天单身走远道，

倒来没来头的问桂花今年香不香！

"客人，你运气不好，来得太迟又太早：

这里就是有名的满家衖，

往年这时候到处香得凶，

这几天连绵的雨，外加风，

弄得这希糟，今年的早桂就算完了。"

果然这桂子林也不能给我欢喜：

枝上只见焦烂的细蕊，

看着凄惨，咳，无妄的灾，

我心想，为什么到处憔悴？——

这年头活着不易，这年头活着不易！

又凑成了一首——

再不见雷峰，雷峰坍成了一座大荒塚，

顶上有不少交抱的青葱，

顶上有不少交抱的青葱，

再不见雷峰，雷峰坍成了一座大荒塚

顶上有不可文饰的衰老，

再不见雷峰，雷峰坍成了一座大荒塚。

发什么感慨，对着这光阴应分的摧残？

世上多的是不应分的变态；

发什么感慨，对着这光阴应分的摧残？

世上多的是不应分的变态，

发什么感慨，对着这光阴应分的摧残？

发什么感慨，这塔是镇压，这坟是掩埋——

镇压还不如掩埋来得痛快；

发什么感慨，对着这光阴应分的摧残？

世上多的是不应分的变态；

世上多的是不应分的变态，

发什么感慨，对着这光阴应分的摧残？

发什么感慨，这塔是镇压，这坟是掩埋——

镇压还不如掩埋来得痛快；

镇压还不如掩埋来得痛快，

发什么感慨，这塔是镇压，这坟是掩埋！

再没有雷峰，雷峰从此掩埋在人的记忆中，

像曾经的梦境，曾经的爱宠，

像曾经的梦境，曾经的爱宠，

再没有雷峰，雷峰从此掩埋在人的记忆中！

这首我看还过得去，通篇还有连贯的地方。

---

①大意是："到时候上帝会怜悯我们的"，可是会等到这一天吗？

《第贰章》 志摩书信

一九二五年三月三日至五月二十七日

一九二五年六月二十五日至一九二六年二月二十七日

龙呀，你应当知道我是怎样的爱你，你占有我的爱，我的灵，我的肉，我的『整个儿』。

永远在我爱的身旁旋转着，永久的缠绕着。真的龙龙，你已经激动了我的痴情。

李欧梵评价说，郁达夫创造了他的爱的想象，而徐志摩是体现了爱的本身。徐志摩在《猛虎集·自序》中说他的心境是一个『曾经有单纯信仰的流入怀疑的颓废』，他终其一生都在追求爱、自由和美的完美融合。他为了这个信仰，决然与原配离婚，为追求真爱，不断挑战世俗和偏见。

徐志摩致陆小曼书信手稿件

第 [1] 封 · 怜惜

三月三日志摩临行出国前写给小曼女士的第一封信

小曼：

　　这实在是太惨了，怎叫我爱你的不难受？假如你这番深沉的冤曲有人写成了小说故事，一定可使千百个同情的读者滴泪，何况今天我处在这最尴尬最难堪的地位，怎禁得不咬牙切齿的恨，肝肠迸裂的痛心呢？真的太惨了，我的乖，你前生作的是什么孽，今生要你来受这样惨酷的报应？无端折断一枝花，尚且是残忍的行为，何况这生生的糟蹋一个最美最纯洁最可爱的灵魂。真是太难了，你的四周全是铜墙铁壁，你便有翅膀也难飞，咳，眼看着一只洁白美丽的稚羊让那满面横肉的屠夫擎着利刀向着她刀刀见血的蹂躏谋杀——旁边站着不少的看客，那羊主人也许在内，不但不动怜惜，反而称赞屠夫的手段，好像他们都挂着馋涎想分尝美味的羊糕哪！咳，这简直的不能想，实有的与想像的悲惨的故事我亦闻见过不少，但我爱，你现在所身受的却是谁都不曾想到过，更有谁有胆量来写？我倒劝你早些看哈代那本*Jude The Obscure*①吧，那书里的女子Sue②你一定狠可同情她，哈代写的结果叫人不忍卒读，但你得明白作者的意思，将来有机会我对你细讲。

咳，我真不知道你申冤的日子在那一天！实在是没有一个人能明白你，不明白也算了，一班人还来绝对的冤你，阿呸，狗屁的礼教，狗屁的家庭，狗屁的社会，去你们的，青天里白白的出太阳，这群人血管的水全是冰凉的！我现在可以放怀的对你说，我腔子里一天还有热血，你就一天有我的同情与帮助；我大胆的承受你的爱，珍重你的爱，永保你的爱。我如其凭爱的恩惠还能从我性灵里放射出一丝一缕的光亮，这光亮全是你的，你尽量用吧！假如你能在我的人格思想里发现有些许的滋养与温暖，这也全是你的，你尽量使吧！最初我听见人家诬蔑你的时候，我就热烈的对他们宣言，我说你们听着，先前我不认识她，我没有权利替她说话，现在我认识了她，我绝对的替她辩护，我敢说如其女人的心曾经有过纯洁的，她的就是一个。Her heart is as pure and unsoiled as any woman's heart can be;and her soul as noble.③

现在更进一层了，你听着这分别，先前我自己仿佛站得高些，我的眼是往下望的，那时我怜你惜你疼你的感情是斜着下来到你身上的，渐渐的我觉得我的看法不对，我不应该站得比你高些，我只能平看着你。我站在你的正对面，我的泪丝的光芒与你的泪丝的光芒针对的交换着，你的灵性渐渐的化入了我的，我也与你一样觉悟了一个新来的影响，在我的人格中四布的贯彻；——现在我连平视都不敢了，我从你的苦恼与悲惨的情感里憬悟了你的高洁的灵魂的真际，这是上帝神光的反映，我自己不由的低降了下去，现在我只能仰着头献给你我有限的真情与真爱，声明我的惊讶与赞美。不错，勇敢，胆量，怕什么？前途当然是有光亮的，没有也得叫他有。一个灵魂有时可以到最黑暗的地狱里去游行，但一点神灵的光亮却永远在灵魂本身的中心点着——况且你不是确信你已经找着了你的真归宿，真想望，实现了你的梦？来，让这伟大的灵魂的结合毁灭一切的阻碍，创造一切的价值，往前走吧，再也不必迟疑！

你要告诉我什么，尽量的告诉我，像一条河流似的尽量把他的积聚交给无边的大海，像一朵高爽的葵花，对着和暖的阳光一瓣瓣的展露她的秘密。你要我的安慰，你当然有我的安慰，只要我有我能给；你要什么有什么，我只要你做到你自己说的一句话——"Fight On"④——即使运命叫你在得到最后胜利之前碰着了不可躲避的死，我的爱，那时你就死，因为死就是成功，就是胜利。一切有我在，一切有爱在。同时你努力的向方得自己认清，再不容丝毫的含糊，让步牺牲是有的，但什么事都有个限度，有个止境；你这样一朵希有的奇葩，决不是为一对不明白的父母，一个不了解的丈夫牺牲来的。

你对上帝负有责任，你对自己负有责任，尤其你对于你新发现的爱负有责任，你已往的牺牲已经足够，你再不能轻易糟蹋一分半分的黄金光阴。人间的关系是相对的，应职也有个道理，灵魂是要救度的，肉体也不能永远让人家侮辱蹂躏，因为就是肉体也是含有灵性的。

总之一句话：时候已经到了，你得 Assert your own personality⑤。

你的心肠太软，这是你一辈子吃亏的原因，但以后可再不能过分的含糊了，因为灵与肉实在是不能绝对分家的，要不然Nora⑥何必一定得抛弃她的家，永别她的儿女，重新投入渺茫的世界里去？她为的就是她自己人格与性灵的尊严，侮辱与蹂躏是不应得容许的。且不忙慢慢的来，不必悲观，不必厌世，只要你抱定主意往前走，决不会走过头，前面有人等着你。

以后的信，你得好好的收藏起来，将来或许有用，在你申冤出气时的将来，但暂时切不可泄漏，切切！

摩 一九二五年三月三日

---

①《无名的裘德》，长篇小说。②小说的女主人公"淑"。③大意是：她的心同其他女子的心一样纯洁无瑕；她的灵魂也同其他女子的灵魂一样高尚。④抗争吧！⑤大意是：维护自己的人格。⑥娜拉：挪威戏剧家易卜生剧作《玩偶之家》中的女主人公。

第 [2] 封 · 分别

三月四日志摩临行出国前写给小曼女士的第二封信

小龙：

你知道我这次想出去也不是十二分心愿的，假定老翁①的信早六个星期来时，我一定绝无顾恋的想法走了完事；但我的胸坎间不幸也有一个心，这个脆弱的心又不幸容易受伤，这回的伤不瞒你说又是受定的了，所以我即使走也不免咬一咬牙齿忍着些心痛的。这还是关于我自己的话；你一方面我委实有些不放心，不是别的，单怕你有限的勇气敌不过环境的压迫力，结果你竟许多少不免明知故犯，该走一百里路也只能走满三四十里，这是可虑的。

龙呀：你不知道我怎样深刻的期望你勇猛的上进，怎样的相信你确有能力发展潜在的天赋，怎样的私下祷祝有那一天叫这浅薄的恶俗的势利的"一般人"开着眼惊讶，闭着眼惭愧——等到那一天实现时，那不仅你的胜利也是我的荣耀哩！

聪明的小曼：千万争这口气才是！我常在身旁自然多少于你有些帮

助，但暂时分别也有绝大的好处，我人去了，我的思想还是在着，只要你能容受我的思想。我这回去是补足我自己的教育，我一定加倍的努力吸收可能的滋养，我可以答应你我决不枉费我的光阴与金钱。同时我当然也期望你加倍的勤奋，认清应走的方向，做一番认真的工夫试试，我们总要隔了半年再见时彼此无愧才好。你的情形固然不同，但你如其真有深澈的觉悟时，你的生活习惯自然会得改变的，我信F也能多少帮助你。

我并不愿意做你的专制皇帝，落后叫你害怕讨厌，但我真想相当的笃饬着你，如其你过分顽皮时，我是要打的吓！有一件事不知你能否做到，如能到是件有益而且有趣的事，我想要你写信给我，不是平常的写法，我要你当作日记写，不仅记你的起居等等，并且记你的思想情感——能寄给我当然最好，就是不寄也好，留着等我回来时一总看，先生再批分数，你如其能做到这点意思，那我就高兴而且放心了。同时我当然有信给你，不能怎样的密，因为我在旅行时怕不能多写，但我答应选我一路感到的一部分真纯思想给你，总叫你得到了我的消息，至少暂时可以不感觉寂寞，好不好，曼？

关于游历方面，我已经答应做《现代评论》②的特约通讯员，大概我人到眼到的事物多少总有报告，使我这里的朋友都能分沾我经验的利益。

顶要紧是你得拉紧你自己，别让不健康的引诱摇动你，别让消极的意念过分压迫你，你要知道我们一辈子果然能真相知真了解，我们的牺牲，苦恼与努力，也就不算是枉费的了。

摩 三月四日

①指泰戈尔。②综合性刊物。1924年12月13日创刊于北京，1928年12月29日终刊，共出9卷，209期。撰稿人多为有留学欧美背景的知识分子。王世杰主编，以胡适为精神领袖。

第 [3] 封 · 醉酒

三月十日志摩临行出国前写小曼女士的第三封信

龙龙：

我的肝肠寸寸的断了，今晚再不好好的给你一封信，再不把我的心给你看，我就不配爱你，就不配受你的爱。我的小龙呀，这实在是太难受了，我现在不愿别的，只愿我伴着你一同吃苦——你方才心头一阵阵的作痛，我在旁边只是咬紧牙关闭着眼替你熬着，龙呀，让你血液里的讨命鬼来找着我吧，叫我眼看你这样生生的受罪，我什么意念都变了灰了！你吃现鲜鲜的苦是真的，叫我怨谁去？

离别当然是你今晚纵酒的大原因，我先前只怪我自己不留意，害你吃成这样，但转想你的苦，分明不全是酒醉的苦，假如今晚你不喝酒，我到了相当的时刻得硬着头皮对你说再会，那时你就会舒服了吗？再回头受逼迫的时候，就会比醉酒的病苦强吗？咳，你自己说的对，顶好是醉死了完事，不死也得醉，醉了多少可以自由发泄，不比死闷在心窝里好吗？所以我一想到你横竖是吃苦，我的心就硬了。我只恨你不该留这许多人一起喝，人一多就糟，要是单是你与我对喝，那时要醉就同醉，要死也死在一起，醉也是一体，死也是一体，要哭让眼泪和成一起，要心跳让你我的胸膛贴紧在一起，这不是在极苦里实现了我们想望的极乐，从醉的大门走进了大解脱的境界，只要我们灵魂合成了一体，这不就满足了我们最高的想望吗？

啊我的龙，这时候你睡熟了没有？你的呼吸调匀了没有？你的灵魂暂时平安了没有？你知不知道你的爱正在含着两眼热泪在这深夜里和你说话，想你，疼你，安慰你，爱你？我好恨呀，这一层的隔膜，真的全是隔膜，这仿佛是你淹在水里挣扎着要命，他们却掷下瓦片石块来算是救渡你，我好恨呀！这酒的力量还不够大，方才我站在旁边我是完全准备了的，我知道我的龙儿的心坎儿只嚷着"我冷呀，我要他的热胸膛偎着我，我痛呀，我要我的他搂着我，我倦呀，我要在他的手臂内得到我最想望的安息与舒服！"——但是实际上我只能在旁边站着看，我稍微的一帮助就受人干涉，意思说"不劳费心，这不关你的事，请你早去休息吧，她不用你管！"哼，你不用我管！我这难受，你大约也有些觉着吧！

方才你接连了叫着，"我不是醉，我只是难受，只是心里苦，"你那话一声声像是钢铁锥子刺着我的心：愤、慨、恨、急的各种情绪就像潮水似的涌上了胸头；那时我就觉得什么都不怕，勇气像天一般的高，只要你一句话出口什么事我都干！为你我抛弃了一切，只是本分为你我，还顾得什么性命与名誉——真的假如你方才说出了一半句着边际着颜色的话，此刻你我的命运早已变定了方向都难说哩！

你多美呀，我醉后的小龙，你那惨白的颜色与静定的眉目，使我想像起你最后解脱时的形容，使我觉着一种逼迫赞美崇拜的激震，使我觉着一种美满的和谐——龙我的至爱，将来你永诀尘俗的俄顷，不能没有我在你的最近的边旁，你最后的呼吸一定得明白报告这世间你的心是谁的，你的爱是谁的，你的灵魂是谁的！龙呀，你应当知道我是怎样的爱你，你占有我的爱，我的灵，我的肉，我的"整个儿"。永远在我爱的身旁旋转着，永久的缠绕着，真的龙龙，你已经激动了我的痴情。我说出来你不要怕，我有时真想拉你一同情死去，去到绝对的死的寂灭里去实现完全的爱，去到普遍的黑暗里去寻求唯一的光明——咳，今晚要是你有一杯毒药在近旁，此时你我竟许早已在极乐世界了。说也怪，我真的不沾恋这形式的生命，我只求一个同伴，有了同伴我就情愿欣欣的瞑目；龙龙，你不是已经答应做我永久的同伴了吗？我再不能放松你，我的心肝，你是我的，你是我这一辈子唯一的成就，你是我的生命，我的诗；你完全是我的，一个个细胞都是我的——你要说半个不字叫天雷打死我完事。

我在十几个钟头内就走了，丢开你走了，你怨我忍心不是？

我也自认我这回不得不硬一硬心肠，你也明白我这回去是我精神的与知识的"撒拿吐瑾"。我受益就是你受益。我此去得加倍的用心，你在这时期内也得加倍的奋斗，我信你的勇气这回就是你试验、实证你勇气的机会。我人虽走，我的心不离开你，要知道在我与你的中间有的是无形的精神线，彼此的悲欢喜怒此后是会相通的，你信不信？（身无彩凤双飞翼，心有灵犀一点通。）我再也不必嘱咐，你已经有了努力的方向，我预知你一定成功，你这回冲锋上去，死了也是成功！有我在这里，阿龙，放大胆子，上前去吧，彼此不要辜负了，再会！

摩　三月十日早三时

　　我不愿意替你规定生活，但我要你注意缰子一次拉紧了是松不得的，你得咬紧牙齿暂时对一切的游戏娱乐应酬说一声再会，你甘脆的得谢绝一切的朋友。你得澈底的刻苦，你不能纵容你的Whims^①，再不能管闲事，管闲事空惹一身骚；也再不能发脾气。记住，只要你耐得住半年，只要你决意等我，回来时一定使你满意欢喜，这都是可能的；天下没有不可能的事——只要你有信心，有勇气，腔子里有热血，灵魂里有真爱。龙呀！我的孤注就押在你的身上了！

　　再如失望，我的生机也该灭绝了。

　　最后一句话：只有S^②是唯一有益的真朋友。

三月十日早

---

①任性。②凌叔华。

第 [4] 封 · 惆怅

三月十一日离京赴欧途中在奉天寄给小曼女士的信

方才无数美丽的雅致的信笺叫你们抢了去，害我一片纸都找不着，此刻过西北时写一个字条给丁在君是撕下一张报纸角来写的，你看这多窘；幸亏这位先生是丁老夫子的同事，说来也是熟人，承他作成，翻了满箱子替我寻出这几张纸来，要不然我到奉天前只好搁笔，笔倒有，左边小口袋内就是一排三支。

方才那百子放得恼人，害得我这铁心汉也觉着又些心酸，你们送客的有吊眼泪的没有？（啊啊臭美！）小曼，我只见你双手掩着耳朵，满面的惊慌，惊了就不悲，所以我推想你也没掉眼泪。但在满月夜分别，咳：我孤孤单单的一挥手，你们全站着看我走，也不伸手来拉一拉，样儿也不装装，真可气。我想送我的里面，至少有一半是巴不得我走的，还有一半是"你走也好，走吧"。车出了站，我独自的晃着脑袋，看天看夜，稍微有些难受，小停也就好了。

我倒想起去年五月间那晚我离京向西时的情景，那时更凄怆些，简直的悲，我站在车尾巴上，大半个黄澄澄的月亮在东南角上升起，车轮阁的阁的响着，W还大声的叫"徐志摩哭了"（不确）；但我那时虽则不曾失声，眼泪可是有的。怪不得我，你知道我那时怎样的心理，仿佛一个在俄国吃了大败仗往后退的拿破仑，天茫茫，地茫茫，心更茫茫，叫我不掉眼泪怎么着？但今夜可不同，上次是向西，向西是追落日，你碰破了脑袋都追不着，今晚是向东，向东是迎朝日，只要你认定方向，伸着手膀迎上去，迟早一轮旭红的朝日会得涌入你的怀中的。这一有希望，心头就痛快，暂时的小悱恻也就上口有味。半酸不甜的，生滋滋的像是啃大鲜果，有味！

娘那里真得替我磕脑袋道歉，我不但存心去恭恭敬敬的辞行，我还预备了一番话要对她说哪，谁知道下午六神无主的把她忘了，难怪令尊大人相信我是荒唐，这还不够荒唐吗？你替我告罪去，我真不应该，你有什么神通，小曼，可以替我"包荒"？

天津已经过了，（以上是昨晚写的，写至此，倦不可支，闭目就睡，睡醒便坐着发呆的想，再隔一两点钟就过奉天了。）韩所长现在车上，真巧，这一路有他同行，不怕了。方才我想打电话，我的确打了，你没有接着吗？往窗外望，左边黄澄澄的土直到天边，右边黄澄澄的地直到天边；这半天，天色也不清明，叫人看着生闷。方才遥望锦州城那座塔，有些像西湖上那座雷峰，像那倒坍了的雷峰，这又增添了我无限的惆怅。但我这独自的吁嗟，有谁听着来？

你今天上我的屋子里去过没有？希望沈先生已经把我的东西收拾起来，一切零星小件可以塞在那两个手提箱里，没有钥匙，贴上张封条也好，存在社里楼上我想够妥当了。还有我的书顶好也想法子点一点。你知道我怎样的爱书，我最恨叫人随便拖散，除了一两个我准许随便拿的（你自己一个）之外，一概不许借出，这你得告诉沈先生。至少得过一个多月才能盼望看你的信，这还不是刑罚！你快写了寄吧，别忘 Via Siberia[①]，要不是一信就得走两个月。

> 志摩 星二 奉天[②]

---

①经过西伯利亚。②今辽宁沈阳。

第 [5] 封 · **记事**

三月十二日出国途中在哈尔滨寄给小曼女士的信

叫我写什么呢？咳！今天一早到哈，上半天忙着换钱，一个人坐着吃过两块糖，口里怪腻烦的，心里不狠好过。国境不曾出，已经是举目无亲的了，再下去益发凄惨。赶快写信吧！干闷着也不是道理。但是写什么呢？写感情是写不完的，还是写事情的好。

日记大纲：

星一　松树胡同七号分赃，车站送行百子响，小曼掩耳朵。

星二　睡至十二时正，饭车里碰见老韩，夜十二时到奉天，住日本旅馆。

星三　早上大雪缤纷，独坐洋车进城闲逛，三时与韩同行去长春。车上赌纸牌，输钱，头痛。看两边雪景，一轮日。夜十时换俄国车吃美味柠檬茶。睡着小凉，出涕。

星四　早到哈，韩侍从甚盛。去懋业银行，予犹太鬼换钱买糖，吃饭，写信。

韩事未了，须迟一星期。我先走，今晚独去满洲里，后日即入西伯利亚了。这次是命定不得同伴，也好，可以省唾液，少谈天，多想，多写，多读。真倦，才在沙发上入梦，白天又沉西，距车行还有六个钟头叫我干什么去？

说话一不通，原来机灵人，也变成了木松松。我本来就灵机，这来去俄国真像呆徒了。今早撞进一家糖果铺去，一位卖糖的姑娘黄头发白围裙，来得标致；我晓风里进来，本有些冻嘴，见了她爽性愣住了，愣了半天，不得要领，她都笑了。不长胡子真吃亏，问我那儿来的，我说北京大学，谁都拿我当学生看。今天早上在一家钱铺子里一群犹太人围着我问话，当然只当我是个小孩，后来一见我护照上填着"大学教授"，他们一齐吃惊，改容相待，你说不有趣吗？

我爱这儿尖屁股的小马车，顶好要一个戴大皮帽的大俄鬼子赶，这满街乱跳，什么时候都可以翻车，看了真有意思，坐着更好玩。中午我闯进一家俄国饭店去，一大群涂脂抹粉的俄国女人全抬起头看我，吓得我直往外退出门逃走了。我从来不看女人的鞋帽，今天居然看了半天，有一顶红的真俏皮。

寻书铺，不得。我只好寄一本糖书去，糖可真坏，留着那本书吧。这信迟四天可以到京，此后就远了，好好的自己保重吧，小曼，我的心神摇摇的仿佛不曾离京，今晚可以见你们似的，再会吧！

摩　三月十二日

第 [6] 封 · **惦记**

三月十四日在满洲里途中寄回小曼女士的信

小曼：

昨夜过满洲里，有冯定一招呼，他也认识你的。难关总算过了，但一路来还是小心翼翼的只怕"红先生"们打进门来麻烦，多谢天，到现在为止，一切平安顺利。今天下午三时到赤塔，也有朋友来招呼，这国际通车真不坏，我运气格外好，独自一间大屋子，舒服极了。我闭着眼想，假如我有一天与"她"度蜜月，就这西伯利亚也不坏；天冷算什么？心窝里热就够了！

路上饮食可有些麻烦，昨夜到今天下午简直没东西吃，我这茶桶没有茶灌顶难过，昨夜真饿，翻箱子也翻不出吃的来，就只陈博生送我的那罐福建肉松伺候着我，但那干束束的，也没法子吃。想起倒有些怨你青果也不曾给我买几个；上床睡时没得睡衣换，又得怨你那几天你出了神，一点也不中用了。但是我决不怪你，你知道，我随便这么说就是了。

同车有一个意大利人极有趣，狠谈得上。他的胡子比你头发多得多，他吃烟的时候我老怕他着火，德国人有好几个，蠢的多，中国人有两个（学生），不相干。英美法人一个都没有。再过六天，就到莫斯科，我还想到彼得堡去玩哪！这回真可惜了，早知道西伯利亚这样容易走，我理清一个提包，把小曼装在里面带走不好吗？

不说笑话，我走了以后你这几天的生活怎样的过法？我时刻都惦记着你，你赶快写信寄英国吧，要是我人到英国没有你的信，那我可真要怨了。你几时搬回家去，既然决定搬，早搬为是，房子收拾整齐些，好定心读书做事。这几天身体怎样？散拿吐瑾①一定得不间断的吃，记着我的话！心跳还来否？什么细小事情都愿意你告诉我，能定心的写几篇小说，不管好坏，我一定有奖。你见着的是那几个人，戏看否？早上什么时候起来，都得告诉我。我想给《晨报》写通信，老是提心不起，火车里写东西真不容易，家信也懒得写，可否恳你的情，常常为我转告我的客中情形，写信寄浙江硖石徐申如②先生。说起我临行忘了一本金冬心③梅花册，他的梅花真美，不信我画几朵你看。

摩　三月十四日

①音译，一种营养药，补脑养胃。②徐志摩之父，硖石富商。③清代画家金农，"扬州八怪"之一。

第[7]封 · 想家

三月十八日赴欧途中在俄国西伯利亚铁路寄给
小曼女士的信

小曼：

好几天没信寄你，但我这几天真是想家的厉害。每晚（白天也是的）一闭上眼就回北京，什么奇怪的花样都会在梦里变出来。曼，这西伯利亚的充军，真有些儿苦，我又晕车，看书不舒服，写东西更烦，车上空气又坏，东西也难吃，这真是何苦来。同车的人不是带着家眷便是回家去的，他们在车上多过一天便离家近一天，就只我这傻瓜甘心抛去暖和热闹的北京，到这荒凉境界里来叫苦！

再隔一个星期到柏林，又得对付她①了；小曼，你懂得不是？这一来柏林又变了一个无趣味的难关，所以总要到意大利等着老头以后，我才能鼓起游兴来玩；但这单身的玩，兴趣终是有限的，我要是一年前出来，我的心里就不同，那时倒是破釜沉舟的决绝，不比这一次身心两处，梦魂都不得安稳。

但是曼，你们放心，我决不颓丧，更不追悔，这次欧游的教育是不可少的，稍微吃点子苦算什么，那还不是应该的。你知道我并没有多么不可动摇的大天才，我这两年的文字生活差不多是逼出来的。要不是私下里吃苦，命途上颠仆，谁知道我灵魂里有没有音乐？安乐是害人的，像我最近在北京的生活是不可以为常的，假如我新月社的生活继续下去，要不了两年，徐志摩不堕落也堕落了，我的笔尖上再也没有光芒，我的心上再没有新鲜的跳动，那我就完了——"泯然众人矣"！到那时候我一定自惭形秽，再也不敢谬，托谁的知己，竟许在政治场中鬼混，涂上满面的窑煤——咳，那才叫做出丑哩！

要知道堕落也得有天才，许多人连堕落都不够资格。我自信我够，所以更危险。因此我力自振拔，这回出来清一清头脑，补足了我的教育再说——爱我的，期望我成才的，都好像是我的恩主，又像债主，我真的又感激又怕他们！小曼，你也得尽你的力量帮助我望清明的天空上腾，谨防我一滑足陷入泥深潭，从此不得救度。小曼，你知道我绝对不慕荣华，不羡名利，——我只求对得起我自己。

将来我回国后的生活，的确是问题，照我自己理想，简直想丢开北京，你不知道我多么爱山林的清静。前年我在家乡山中，去年在庐山时，我的性灵是天天新鲜天天活动的。创作是一种无上的快乐，何况这自然而然像山溪似的流着——我只要一天出产一首短诗，我就满意。所以我狠想望欧洲回去后到西湖山里（离家近些）去住几时。但须有一个条件，至少得有一个人陪着我；在山林清幽处与一如意友人共处——是我理想的幸福，也是培养、保全一个诗人性灵的必要生活，你说是否，小曼？

朋友像S.M他们，固然他们也狠爱我器重我，但他们却不了解我——他们期望我做一点事业，譬如要我办报等等。但他们哪知道我灵魂的想望？我真的志愿，他们永远端详不到的。男朋友里真期望我的，怕只有B.一个，女友里S.是我一个同志，但我现在只想望"她"能做我的伴侣，给我安慰，给我快乐；除了"她"这茫茫大地上叫我更问谁要去？

这类话暂且不提，我来讲些车上的情形给你听听。——我上一封信上不是说在这国际车上我独占一大间卧室舒服极了不是？好，乐极生悲，昨晚就来了报应！昨夜到一个大站，那地名不知有多长，我怎样也念不上来。未到以前就有人来警告我说前站有两个客人上前，你的独占得满期了。我就起了恐慌，去问那和善的老车役，他张着口对我笑笑说，"不错，有两个客人要到你房里，而且是两位老太太"！（此地是男女同房的，不管是谁！）我说你不要开玩笑，他说"那你看着，要是老太太还算是你的幸气，在这样荒凉的地方，那里有好客人来。"过了一程，车到了站。我下去散步回来，果然，房间里有了新来的行李，一只帆布提箱，两大铺盖，一只篾篮装食物的，我看这情形不对，就问间壁房里人来了些什么客人，间壁住了肥美的德国太太，回答我"来人不是好对付的，徐先生这回怕要受苦了！"不像是好对付的，唉？来了，两位，一矮，一高，矮的青脸，高的黑脸，青的穿黑，黑的穿青；一个像老母鸭，一个像猫头鹰，衣襟上都带着列宁小照的御章，分明是红党里的将军！

我马上陪笑脸，凑上去说话，不成，高的那位只会三句英语，青脸的那位一字不提，说了半天，不得要领。再过一歇，他们在饭厅里，我回房来，老车役进来铺床，他就笑着问我，"那两位老太太好不好？"我恨恨的说，"别趣了！我真着急，不知来人是什么路道？"正说时，他掀起一个垫子，露出两柄明晃晃上足子弹的手枪，他就拿在手里，一头笑着说"你看，他们就是这个路道！"

今天早上醒来，恭喜我的头还是好好的在我的脖子上安着。小曼，你要看了他们两位好汉的尊容，准吓得你心跳，浑身抖擞！俄国的东西贵死了，可恨！车里饭坏的不成话，贵的更不成话，一杯可可五毫钱像泥水，还得看蒽者大爷们的嘴脸！地方是真冷，决不是人住的！一路风景可真美，我想专写一封晨报通信，讲西伯利亚。

小曼，现在我这里下午六时，北京约在八时半，你许正在吃饭，同谁？讲些什么？为什么我听不见？咳！我恨不得——不写了。一心只想到狄更生②那里看信去！

志摩　三月十八日 Omsk

①指徐志摩元配张幼仪。②英国学者，徐志摩的朋友。徐志摩此次访欧以他家为通信联络点。

第 [8] 封 · **彼得**

三月二十六日在柏林寄给小曼女士的信

小曼:

柏林第一晚。一时半。方才送C女士①回去,可怜不幸的母亲,三岁的小孩子②只剩了一撮冷灰,一周前死的。她今天挂着两行眼泪等我,好不凄惨;只要早一周到,还可见着可爱的小脸儿,一面也不得见,这是那里说起?他人缘到有,前天有八十人送他的殡,说也奇怪,凡是见过他的,不论是中国人德国人,都爱极了他,他死了街坊都出眼泪,没一个不说的不曾见过那样聪明可爱的孩子。

曼,你也没福,否则你也一定乐意看见这样一个孩儿的——他的相片明后天寄去,你为我珍藏着吧。真可怜,为他病也不知有几十晚不曾阖眼,瘦得什么似的,她到这时还不能相信,昏昏的只似在梦中过活。小孩儿的保姆比她悲伤更切。她是一个四十左右的老姑娘,先前爱上了一个人,不得回音,足足的痴了这六七年,好容易得着了宝贝,容受他母性的爱;她整天的在他身上用心尽力,每晚每早要他祷告,如今两手空空的,两眼汪汪的，连祷告都无从开口，因为上帝待她太惨酷了。我今天赶来哭他，半是伤心，半是惨目，也算是天罚我了。

唉！家里有电报去，堂上知道了更不知怎样的悲惨，急切又没有相当人去安慰他们，真是可怜！曼！你为我写封信去吧，好么？听说老谷尔③也在南方病着，我赶快得去，回头老人又有什么长短，我这回到欧洲来，岂不是老小两空！而且我深怕这兆头不好呢。

C可是一个有志气有胆量的女子，她这两年来进步不少，独立的步子已经站得稳，思想确有通道，这是朋友的好处，老K的力量最大，不亚于我自己的。她现在真是"什么都不怕"，将来准备丢几个炸弹，惊惊中国鼠胆的社会，你们看着吧！

柏林还是旧柏林，但贵贱差得太远了，先前化四毛现在得化六元八元，你信不信？

小曼，对你不起，收到这样一封悲惨乏味的信，但是我知道你一定生气我补这句话，因为你是最柔情不过的，我吊眼泪的地方你也免不了吊，我闷气的时候你也不免闷气，是不是？

今晚与C看茶花女的乐剧解闷，闷却并不解。明儿有好戏看，那是萧伯纳的Jean D'are（《圣女贞德》），柏林的咖啡（叫Macca）真好，Peach Melba④也不坏，就是太贵。

今年江南的春梅都看不到，你多多寄些给我才是！

志摩　三月廿六日

---

①指张幼仪。②徐志摩跟张幼仪生的第二个儿子徐德生，又名彼得。③即泰戈尔。④蜜桃面包。

第 [9] 封 · **距离**

四月十日在伦敦寄给小曼女士的信

小曼：

我一个人在伦敦瞎逛，现在在"探花楼"一个人喝乌龙茶等吃饭。再隔一点钟，去看John Barrymore的Hamlet①。这次到英国来就为看戏。你要一时不得我的信，我怕你有些着急，我也不知怎的总是懒得动笔，虽则我没有一天不想把那天的经验整个儿告诉你。说也奇怪，我还是每晚做梦回北京，十次里有九次见着你，每次的情形，总令人难道。真的。像C他们说我只到欧洲来了一双腿，"心"有别用的，还说肠胃都不曾带来，因为我胃口不好！你们那里有谁做梦会见我的鬼没有？我也愿意知道。我到现在还不曾接到中国来的单个字；怕掉了，我真着急。我想别人也许没有信，小曼你总该有，可是到那一天才能得到你的信我自己都不知道！我这次来一路上坟送葬，惘惘极了，我有一天想立刻买票到印度去还了愿心完事；又想立刻回头赶回中国，也许有机会与我一同到小林深处过夏去，强如在欧洲做流氓。其实到今天为止我也是没有想定要流到那里去，感情是我的指南，冲动是我的风！

这永远是今日不知明日事的办法。印度我总得去，老头在不在我都得去。这位菩萨面前许不得愿心，还要紧照。我现在的主意竟是至迟六月初动身到印度，八九月间可回国，那就快乐了？

我前晚到伦敦的，这里大半朋友全不在，春假旅行去了。只见着那美术家Roger Fry②，譒中国诗的Arther Waley③。昨晚我住在他那里，今晚又得做流氓了。今天看回了戏，明早就是黎张女士等着要跟我上意大利玩去，我们打算先玩威尼斯，再去佛洛伦与罗马，她只有两星期就得回柏林去上学，我一个人还得往南；想到Sicily④去洗澡，再回头来。我这一时一点心的平安都没有，烦极了，"先生"那里信也一封没有着笔，诗半行也没有——如其有什么可提的成绩，也许就只晚上的梦，那到不少，并且多的是花样，要是有法子理下来时，早已成书了。

这回旅行太糟了，本来的打算多如意多美，泰谷尔一跑，我就没了落儿，我到不怨他，我怨的是他的书记那恩厚之小鬼，一面催我出来，一面让老头回去，也不给我个消息，害我白跑一趟。同时他倒舒服，你知道他本来是个不名一文的光棍，现在可大抖了，他做了Mrs. Willard⑤的老爷，她是全世界最富女人的一个，在美国顶有名的。这小鬼不是平地一声雷，脑袋上都装了金了吗？我有电报给他，已经三四天，也不得回电，想是在蜜月里蜜昏了，那曾得我在这儿空宕。

小曼你近来怎样？身体怎伴？你的心跳病我最怕，你知道你每日一发病，我的心好像也吊了下去似的。近来发不发？我盼望不再来了。你的心绪怎样？这话其实不必问，不问我也猜着。真是要命，这距离不是假的，一封信来回，至少的四十天，我问话也没有用，还不如到梦里去问吧！说起现在无线电的应用真是可惊，我在伦敦可以听到北京饭店礼拜天下午的音乐或是旧金山市政所里的演说，你说奇不奇？现在德国差不多每家都装了听音机，就是有限制（每天报什么时候听什么）并且自己不能发电，将来我想无线电话有了普遍的设备，距离与空间就不成问题了。

比如我在伦敦，就可以要北京电话、与你直接谈天你说多美！

在曼殊斐儿坟前写的那张信片到了没有？我想另做一首诗。但是你可知道她的丈夫已经再娶了，也是一个有钱的女人。那虽则没有什么，曼殊斐儿也不会见怪，但我总觉得有些尴尬，我的东道都输了。你那篇Something Childish⑥改好没有？近来做些什么事：英国寒伧的很，没有东西寄给你，到了意大利再寄好玩儿的给你，你乖乖的等着吧！

摩　四月十日伦敦

①莎士比亚名剧《哈姆雷特》，英国演员约翰·白利摩尔主演。②罗杰·弗里斯（1866～1934），英国艺术批评家。③阿瑟·威里（1888～1966），英国汉学家。④西西里，地中海最大的岛屿，属意大利。⑤威拉德太太。⑥幼稚的东西。

第 [10] 封 · **忧心**

五月二十七日在斐伦翠寄给小曼女士的信

小曼：

W①的回电来后，又是四五天了，我早晚忧巴巴的只是盼着信，偏偏信影子都不见，难道你从四月十三写信以后，就没有力量提笔？W的信是二十三，正是你进协和的第二天，他说等"明天"医生报告病情，再给我写信，只要他或你自己上月寄出信，此时也该到了，真闷煞人！

回电当然是个安慰，否则我这几天那有安静日子过？电文只说"一切平安"，至少你没有危险了是可以断定的，但你的病情究竟怎样？进院后医治见效否？此时已否出院？已能照常行动否？我都急得要知道，但急偏不得知道，这多别扭！

小曼：这回苦了你，我想你病中一定格外的想念我，你哭了没有？我想一定有的，因为我在这里只要上床一时睡不着，就叫曼，曼不答应我，就有些心酸，何况你在病中呢？早知你有这场病，我就不应离京，我老是怕你病倒，但是总希望你可以逃过，谁知你还是一样吃苦，为什么你不等着我在你身边的时候生病？

这话问的没理，我知道我也不一定会得侍候病人，但是我真想倘如有机会伴着你养病，就是乐趣。你枕头歪了，我可以替你理正，你要水喝，我可以拿给你，你不厌烦我念书给你听，你睡着了我轻轻的掩上了门，有人送花来我给你装进瓶子去；现在我没福享受这种想像中的逸趣，将来或许我病倒了，你来伴我也是一样的。你此番病中有谁侍候着你？娘总常常在你身边，但她也得管家，朋友中大约有些人是常来的，你病中感念一定很多，但不想也就忘了。

近来不说功课，不说日记，连信都没有，可见你病得真乏了。你最后倚病勉强写的那两封信，字迹潦草，看出你腕劲一些也没有，真可怜，曼呀，我那时真着急，简直怕你死，你可不死，你答应为我活着。你现在又多了一个仇敌——病，那也得你用意志力来奋斗的，你究竟年轻，你的伤损容易养得过来的，千万不要过于伤感。病中面色是总不好看的，那也没法，你就少照镜子，等精神回来的时候，再自己看自己也不迟。你现在虽则瘦，还是可以回复你的丰腴的，只要你生活根本的改样。我月初连着寄的长信，应该连续的到了。但你的回信不知要到什么时候才来？想着真急。据有人说娘疑心我的信激成你的病的，所以常在那里查问我；我的信不会丢漏的么？我盼望寄你的信只有你看见再没有第二人看，不是看不得，是不愿意叫人家随便讲闲话，是真的。但你这回真得坚决了，我上封信要你跟W来欧，你仔细想过没有？这是你一生的一个大关键。

俗语说的快刀斩乱丝，再痛快不过的。我不愿意你再有踌躇，上帝帮助能自助的人，只要你站起身来就有人在你前面领路。W真是"解人"，要不是他，岂不是我你在两地着急，叫天天不应的多苦；现在有他做你的红娘，你也够放心，我真盼望你们俩一共到欧洲来，我一定请你们喝香槟接风，有好消息时，最好打电报来就可以。B②在瑞士，月初或到斐伦翠③来，我们许同游欧洲再报告你。盼望你早已健全，我永远在你的身旁，我的曼。

摩 五月二十六日

---

①指胡适。②指张慰慈。③徐志摩又译为"翡冷翠"，即意大利中部城市佛罗伦萨。

第 [11] 封 · **爱龙**

六月二十五日在巴黎寄给小曼女士的信

　　我唯一的爱龙，你真得救我了！我这几天的日子也不知怎样过的，一半是痴子，一半是疯子，整天昏昏的，惘惘的，只想着我爱你，你知道吗？早上梦醒来，套上眼镜，衣服也不换就到楼下去看信——照例是失望，那就好比几百斤的石子压上了心去，一阵子悲痛，赶快回头躲进了被窝，抱住了枕头叫着我爱的名字，心头火热的浑身冰冷的，眼泪就冒了出来，这一天的希冀又没了。说不出的难受，恨不得睡着从此不醒，做梦到可以自由些。

　　龙呀，你好吗？为什么我这心惊肉跳的一息也忘不了你，总觉得有什么事不曾做妥当或是你那里有什么事似的。龙呀，我想死你了，你再不救我，谁来救我？为什么你信寄得这样稀？笔这样懒？我知道你在家忙不过来，家里人烦着你，朋友们烦着你，等得清静的时候你自己也倦了；但是你要知道你那里日子过得容易，我这孤鬼在这里，把一个心悬在那里收不回来，平均一个月盼不到一封信，你说能不能怪我抱怨？龙呀，时候到了，这是我们，你与我，自己顾全自己的时候，再没有工夫去敷衍人了。现在时候到了，你我应当再也不怕得罪人——哼，别说得罪人，到必要时天地都得捣烂他哪！

龙呀，你好吗？为什么我心里老是这怔怔的？我想你亲自给我一个电报，也不曾想着——我倒知道你又做了好几身时式的裙子！你不能忘我，爱，你忘了我，我的天地都昏黑了。你一定骂我不该这样说话，我也知道，但你得原谅我，因为我其实是急慌了。（昨晚写的墨水干了所以停的。）

Z走后我简直是"行尸走肉"，有时到赛因河边去看水，有时到清凉的墓园里默想。这里的中国人，除了老K都不是我的朋友，偏偏老K整天做工，夜里又得早睡，因此也不易见着他。昨晚去听了一个Opera①叫Tristan et Isolde②。音乐，唱都好，我听着浑身只发冷劲，第三幕Tristan快死的时候，Iso从海湾里转出来拼了命来找她的情人，穿一身浅蓝带长袖的罗衫——我只当是我自己的小龙，赶着我不曾脱气的时候，来搂抱我的躯壳与灵魂——那一阵子寒冰刺骨似的冷，我真的变了戏里的Tristan了！

那本戏是最出名的"情死"剧Love－Death，Tristan与Isolde因为不能在这世界上实现爱，他们就死，到死里去实现更绝对的爱，伟大极了，猖狂极了，真是"惊天动地"的概念，"惊心动魄"的音乐。龙，下回你来，我一定伴你专看这戏，现在先寄给你本子，不长，你可以先看一遍。你看懂这戏的意义，你就懂得恋爱最高，最超脱，最神圣的境界；几时我再与你细谈。

龙儿，你究竟认真看了我的信没有？为什么回信还不来？你要是懂得我，信我，那你决不能再让你自己多过一半天糊涂的日子；我并不敢逼迫你做这样，做那样，但如果你我间的恋情是真的，那它一定有力量，有力量打破一切的阻碍；即使得度过死的海，你我的灵魂也得结合在一起——爱给我们勇，能勇就是成功，要大抛弃才有大收成，大牺牲的决心是进爱境唯一的通道。我们有时候不能因循，不能躲懒，不能姑息，不能纵容"妇人之仁"。现在时候到了，龙呀，我如果往虎穴里走（为你），你能不跟着来吗？

我心思杂乱极了，笔头上也说不清，反正你懂就好了，话本来是多余的。

你决定的日子就是我们理想成功的日子——我等着你的信号，你给W看了我给你的信没有？我想从后为是，尤是这最后的几封信，我们当然不能少他的帮忙，但也得谨慎，他们的态度你何不讲给我听听。

照我的预算在三个月内（至多）你应该与我一起在巴黎！

你的心他　六月二十五日

①歌剧。②《特瑞斯坦和伊索尔德》。

第 [12] 封 · **自责**[①]

六月二十六日自巴黎

居然被我急出了你的一封信来，我最甜的龙儿！再要不来，我的心跳病也快成功了！让我先来数一数你的信：（1）四月十九，你发病那天一张附着随后来的；（2）五月五号（邮章）；（3）五月十九至二十一（今天才到，你又忘了西伯利亚）；（4）五月二十五英文的。

我发的信只恨我没有计数，论封数比你来的多好几倍。在斐伦翠四月上半月至少有十封多是寄中街的；以后，适之来信以后，就由他邮局住址转信，到如今全是的。到巴黎后，至少已寄五六封，盼望都按期寄到。

昨天才写信的，但今天一看了你的来信，胸中又涌起了一海的思感，一时哪说得清。第一，我怨我上几封信不该怨你少写信，说的话难免有些怨气，我知道你不会怪我的。但我一想起我的曼已是满身的病，满心的病，我这不尽责的×××，溜在海外，不分你的病，不分你的痛，倒反来怨你笔懒。——咳，我这一想起你，我唯一的宝贝，我满身的骨肉就全化成了水一般的柔情，向着你那里流去。我真恨不得剖开我的胸膛，把我爱放在我心头热血最暖处窝着，再不让你遭受些微风霜的侵暴，再不让你受些微尘埃的沾染。曼呀，我抱着你，亲着你，你觉得吗？

我在斐伦翠知道你病，我急得什么似的，幸亏适之来了回电，才稍为放心了些。但你的病情的底细，直到今天看了你五月十九至二十一日的信才知道清楚。真苦了你，我的乖！真苦了你。但是你放心，我这次虽然不曾尽我的心，因为不在你的身旁，眼看那特权叫旁人享受了去；但是你放心，我爱！我将来有法子补我缺憾。你与我生命合成了一体以后，日子还长着哩，你可以相信我一定充分酬报你的。

不得你信我急，看你信又不由我不心痛。可怜你心跳着，手抖着，眼泪咽着，还得给我写信；哪一个字里，哪一句里，我不看出我曼曼的影子。你的爱，隔着万里路的灵犀一点，简直是我的命水，全世界所有的宝贝买不到这一点子不朽的精诚。——我今天要是死了，我是要把你爱我的爱带了坟里去，做鬼也以自傲了！你用不着再来叮嘱，我信你完全的爱，我信你比如我信我的父母，信我自己，信天上的太阳；岂止，你早已成我灵魂的一部，我的影子里有你的影子，我的声音里有你的声音，我的心里有你的心；鱼不能没有水，人不能没有养气；我不能没有你的爱。

曼，你连着要我回去。你知道我不在你的身旁，我简直是如坐针毡，那有什么乐趣？你知道我一天要咬几回牙，顿几回脚，恨不蹬破了地皮，滚入了你的交抱；但我还不走，有我踌躇的理由。

曼，我上几封信已经说得很亲切，现在不妨再说个明白。你来信最使我难受的是你多少不免绝望的口气。你身在那鬼世界的中心，也难怪你偶尔的气馁。我也不妨告诉你，这时候我想起你还是与他同住，同床共枕，我这心痛，心血都迸了出来似的！曼，这在无形中是一把杀我的刀，你忍心吗？

你说老太太的"面子"。咳！老太太的面子——我不知道要杀灭多少性灵，流多少的人血，为要保全她的面子！不，不；我不能再忍。曼，你得替我——你的爱，与你自己，我的爱，——想一想那！不，不；这是什么时代，我们再不能让社会拿我们血肉去祭迷信！Oh! come, love! assert your passion, let our love conquer; we can't suffer any longer such degradation and humiliation. ②退步让步，也得有个止境；来！我的爱，我们手里有刀，斩断了这把乱丝才说话。——要不然，我们怎对得起给我们灵魂的上帝！是的，曼，我已经决定了，跳入油锅，上火焰山，我也得把我爱你洁净的灵魂与洁净的身子拉出来。我不敢说，我有力量救你，救你就是救我自己，力量是在爱里；再不容迟疑，爱，动手吧！

我在这几天内决定我的行期，我本想等你来电后再走，现在看事情急不及待，我许就来了。但同时我们得谨慎，万分的谨慎，我们再不能替鬼脸的社会造笑话。有勇还得有智，我的计划已经有了。

---

①从此信开始到第 21 封为增补。②大意是：呵，快来，吾爱！保持你的热情，争取我的爱情，我们不能再隐忍如此的堕落和屈辱。

第 [13] 封 · 成功

一九二六年二月十八日自上海

　　我等北京人①来谈过，才许走；这事情又是少不了的关键。我怎敢迷拗呢？眉眉，你耐着些吧，别太心烦了。有好戏就伴爹娘去看看，听听锣鼓响暂时总可忘忧。说实话，我也不要你老在火炉生得太热的屋子里窝着，这其实只有害处，少有好处；而况你的身体就要阳光与鲜空气的滋补，那比什么神仙药都强。我只收了你两回的信，你近来起居情形怎样，我恨不立刻飞来拥着你，一起翻看你的日记。那我想你总是为在远的摩摩不断的记着。陆医②的药你虽怕吃，娘大约是不肯放松你的。据适之说，他的补方倒是吃不坏的。我始终以为你的病只要养得好就可以复原的；绝妙的养法是离开北京到山里去嗅草香吸清鲜空气；要不了三个月，保你变一只小活老虎。

　　你生性本来活泼，我也看出你爱好天然景色，只是你的习惯是城市与暖屋养成的；无怪缺乏了资养的泉源。你这一时听得了摩摩的话否？早上能比先前早起些，晚上能比先前早睡些否？读书写东西，我一点也不期望你；我只想你在日记本上多留下一点你心上的感想。你信来常说有梦，梦有时怪有意思的；你何不闲着没事，描了一些你的梦痕来给你摩摩把玩？

但是我知道我们都是太私心了，你来信只问我这样那样，我去信也只提眉短眉长，你那边二老的起居我也常在念中。娘过年想必格外辛苦，不过劳否？爸爸呢，他近来怎样，兴致好些否？糖还有否？我深恐他们也是深深的关念我远行人，我想起他们这几月来待我的恩情，便不禁泫然欲涕！眉你我真得知感些，像这样慈爱无所不至的爹娘，真是难得又难得，我这来自己尝着了味道，才明白娘真是了不得，了不得！到我们恋爱成功日，还不该对她磕一万个响头道谢吗？

我说："恋爱成功"，这话不免有语病；因为这好像说现在还不曾成功似的。但是亲亲的眉，要知道爱是做不尽的，每天可以登峰，明天还一样可以造极，这不是缝衣，针线有造完工的一天。在事实上呢，当然俗语说的"洞房花烛夜"是一个分明的段落；但你我的爱，眉眉，我期望到海枯石烂日，依旧是与今天一样的风光、鲜艳、热烈。眉眉，我们真得争一口气，努力来为爱做人；也好叫这样疼惜我们的亲人，到晚年落一个心欢的笑容！

我这里事情总算是有结果的。成见的力量真是不小，但我总想凭至情至性的力量去打开他，哪怕他铁山般的牢硬。今午与我妈谈，极有进步，现在得等北京人①到后，方有明白结束，暂时只得忍耐。老金与人想常在你那里，为我道候，恕不另，梅花香棪②到否？

摩祝眉喜　年初六

---

①指当时住在北京的张幼仪。②民国名医陆仲安。

第 [14] 封 · **孤独**

一九二六年二月十九日自上海

眉眉我亲亲：

今天我无聊极了，上海这多的朋友，谁都不愿见，独自躲在栈房里耐闷。下午几个内地朋友拉住了打牌，直到此刻，已经更深，人也不舒服，老是这要呕心的。心想着只看看的一个倩影，慰我孤独；此外都只是烦心事。唐有壬①本已替我定好初十的日本船，十二就可到津，那多快！不是不到一星期就可重在眉眉的左右，同过元宵，是多么一件快心事？但为北京来人杳无消息，我为亲命又不能不等，只得把定住回了，真恨人！适之今天才来；方才到栈房里来，两眼红红的，不知是哭了还是少睡，也许两样全有！他为英国赔款委员②快到，急得又不能走。本说与我同行，这来怕又不成。其实他压根儿就不热心回京；不比我。我觉得不好受，想上床了，明天再接写吧！

---

①唐有壬（1893～1935），新月派成员。②斯科塞尔，当时英国派他来中国制定英国赔款使用细则。

第 [15] 封 · 等待

一九二六年二月二十日自上海

眉眉：

你猜我替你买了些什么衣料？就不说新娘穿的，至少也得定亲之类用才合式才配，你看了准喜欢，只是小宝贝，你把摩摩的口袋都掏空了，怎么好！

昨天没有寄信，今天又到此时晚上才写。我希望这次发信后，就可以决定行期，至多再写一次上船就走。方才我们一家老小，爸妈小欢①都来了。老金有电报说幼仪二十以前动身，那至早后天可到，她一到我就可以走，所以我现在只眼巴巴的盼她来，这闷得死人，这样的日子。今天我去与张君劢②谈了一上半天连着吃饭。下午又在栈里无聊，人来邀我看戏什么都回绝。

方才老高忽然进我房来，穿一身军服，大皮帽子，好不神气。他说南边住了五个月，主人给了一百块钱，在战期内跑来跑去吃了不少的苦。心里真想回去，又说不出口。他说老太太叫他有什么写信去，但又说不上什么所以也没写。受③，又回无锡去了。新近才算把那买军火上当的一场官司了结。还算好，没有赔钱。差事名目换了，本来是顾问，现在改了谘议，薪水还是照旧三百。按老高的口气，是算不得意的。他后天从无锡回来，我倒想去看他一次，你说好否？钱昌照④我在火车里碰着；他穿了一身衣服，修饰得像新郎官似的，依旧是那满面笑容，我问起他最近的"计划"，他说他决意再读书；孙传芳⑤请他他不去，他决意再拜老师念老书。现在瞒了家里在上海江湾租了一个花园，预备"闭户三年"，不能算没有志气，这孩子！但我每回见他总觉得有些好笑，你觉不觉得？不知不觉尽说了旁人的事情。

妈坐在我对面，似乎要与我说话的样子。我得赶快把信寄出，动身前至少还有一两次信。眉眉，你等着我吧，相见不远了，不该欢慰吗？

摩摩　年初八

①徐志摩与张幼仪的儿子徐积锴。②张君劢（1887～1969），张幼仪之兄。③陆小曼前夫王赓，字受庆。④钱昌照（1899～1988），经济学家。后任全国政协第五届、六届副主席。⑤孙传芳（1885～1935），直系军阀首领。

第 [16] 封 · **好事**

一九二六年二月二十一日自硖石

眉爱：

今天该是你我欢喜的日子了，我的亲亲的眉眉！方才已经发电给适之，爸爸也写了信给他。现在我把事情的大致讲一讲：我们的家产差不多已经算分了，我们与大伯一家一半。但为家产都系营业，管理仍需统一。所谓分者即每年进出各归各就是了，来源大都还是共同的。例如酱业、银号，以及别种行业。然后在爸爸名下再作为三份开：老辈（爸妈）自己留开一份，幼仪及欢儿立开一份，我们得一份：这是产业的暂时支配法。

第二是幼仪与欢儿问题。幼仪仍居于女儿名，在未出嫁前担负欢儿教养责任，如终身不嫁，欢的一分家产即归她管；如嫁则仅能划取一份奁资，欢及余产仍归徐家，尔时即与徐家完全脱离关系。嫁资成数多少，请她自定，这得等到上海时再说定。她不住我家，将来她亦自寻职业，或亦不在南方；但偶尔亦可往来，阿欢两边跑。

第三：离婚由张公权①设法公布；你们方面亦请设法于最近期内登报

声明。

这几条都是消极方面，但都是重要的，我认为可以同意。只要幼仪同意即可算数。关于我们的婚事，爸爸说这时候其实太热，总得等暑后才能去京。我说但我想夏天同你避暑去，不结婚不便。爸说，未婚妻还不一样可以同行？我说但我们婚都没有订。爸说："那你这回回去就定好了。"我说那也好，媒人请谁呢？他说当然适之是一个，幼伟来一个也好。我说那爸爸就写个信给适之吧。爸爸说好吧。订婚手续他主张从简，我说这回适伯叔华是怎样的，他说照办好了。

眉，所以你我的好事，到今天才算磨出了头，我好不快活。今天与昨天心绪大大的不同了。我恨不得立刻回京向你求婚，你说多有趣。闲话少说，上面的情形你说给娘跟爸爸听。我想办法比较的很合理，他们应当可以满意。

但今年夏天的行止怎样呢？爸爸一定去庐山，我想先回京赶速订婚，随后拉了娘一同走京汉下去，也到庐山去住几时。我十分感到暑天上山的必要，与你身体也有关系，你得好好运动娘及早预备！多快活，什么理想都达到了！我还说北京顶好备一所房子，爸说北京危险，也许还有大遭灾的一天。我说那不见得吧！我就说陶太太说起的那所房子，爸似乎有兴趣，他说可以看看去。但这且从缓，好在不急：我们婚后即得回南，京寓布置尽来得及也。我急想回京，但爸还想留住我，你赶快叫适之来电要我赶他动身前去津见面，那爸许放我早走。有事情，再谈吧！

你的欢畅了的摩摩　二月二十一日

①张公权（1889～1979），名嘉璈，银行家。张幼仪的四哥。

第 [17] 封·**眉目**

一九二六年二月二十三日自上海

眉：

我在适之这里。他新近照了一张相，荒谬！简直是个小白脸儿哪！他有一张送你的，等我带给你。我昨晚独自在硖石过夜（爸妈都在上海）。十二时睡下去，醒过来以为是天亮，冷得不堪，头也冻，脚也冻，谁知正打三更。听着窗外风声响，再也不能睡熟，想爬起来给你写信。其实冷不过，没有钻出被头勇气。但怎样也睡不着，又想你；蜷着身子想梦，梦又不来。从三更听到四更，从四更听到五更，才又闭了一回眼。早车又回上海来了。

北京来人还是杳无消息。你处也没信，真闷。栈房里人多，连写信都不便；所以我特地到适之这里来，随便写一点给你。眉眉，有安慰给你，事情有些眉目了。昨晚与娘舅寄父谈，成绩很好。他们完全谅解，今天许有信给我爸。但愿下去顺手，你我就登天堂了。妈昨天笑着说我："福气太好了，做爷娘的是孝子孝到底的了。"但是眉眉，这回我真的过了不少为难的时刻。也该的，"为我们的恋爱"可不是？昨天随口想诌几行诗，开头是：

> 我心头平添了一块肉，
>
> 这辈子算有了归宿！
>
> 看白云在天际飞。
>
> 听雀儿在枝上啼。
>
> 忍不住感恩的热泪，
>
> 我喊一声天，我从此知足！
>
> 再不想望更高远的天国！

眉眉，这怎好？我有你什么都不要了。文章、事业、荣耀，我都不要了。诗、美术、哲学，我都想丢了。有你我什么都有了。抱住你，就比抱住整个的宇宙，还有什么缺陷，还有什么想望的余地？你说这是有志气还是没志气？你我不知道，娘听了，一定骂。别告诉她，要不然她许不要这没出息的女婿了。你一定在盼着我回去，我也何尝不时刻想望眉眉胸怀里飞。但这情形真怕一时还走不了。怎好？

爸爸与娘近来好吗？我没有直接信，你得常常替我致意。他们待我真太好了，我自家爹娘，也不过如此。适之在下面叫了，我们要到高梦旦①家吃饭去，明天再写。

摩摩祝眉眉福 正月十一日

---

①高梦旦（1870～1936），商务印书馆编译所所长。

第 [18] 封 • 烦闷

一九二六年二月二十四日自上海

小龙我爱：

真烦死人，至少还得一星期才能成行？明早有船到，满望幼仪来，见过就算完事一宗，转身就走。谁知她乘的是新丰船，十六日方能到此，她到后至少得费我两三天才了事。故预期本月二十前才能走，至少得十天后才能见你，怎不闷死了我？

同时你那里天天盼着我，又不来信，我独自在此连信札的安慰都得不到，真太苦了！你也不算算，怎的年内写了两封就不再写，就算寄不到，打往回，又有什么要紧。你摩摩在这里急。你知道不？明天我想给你一个电报，叫你立刻写信或是来电，多少也给我点安慰。眉眉，这日子没有你，比白过都不如。怎么我都不要，就要你。我几次想丢了这里。牟妻运虽则不好，但我此后艳福是天生的。我的太太不仅绝美，而且绝慧，说得活现，竟像对准了我又美又慧的小眉娘说的。你说多怪！又说：就我有以白头到老，十分的美满，没有缺陷，也不会出乱子。我听了，不能不谢谢金口！眉眉，真的，我妈说的对，她说我太享福了！眉，我有福消受你吗？

近来《晨报》①不知道怎样，你看不看？江绍原②盼望我有东西往回寄，但我如何有心思写？不但现在，就算这回事情办妥当了，回北京见了你，我哪还舍得一刻丢开你。能否提起心来写文章与否，很是问题，这怎好？

而且这来，无谓的捱了至少一星期十天工夫。回京时编辑教书的任务，又逼着来，想起真烦。我真恨不得一把拖了你往山里一躲，什么人事都不问，单只你我两细细的消受蜜甜的时刻！娘又该骂我了，明天再写。

摩问眉好　正月十二日

①徐志摩跟《晨报》负责人之一黄子美是世交，跟《晨报》总编辑陈博生是留学英国时的朋友。1925 年 9 月徐志摩曾接编《晨报副刊》。
②江绍原（1898～1983），民俗学家。

第 [19] 封 · 担忧

一九二六年二月二十五日自上海

至亲爱的小眉：

昨晚发信后，正在踌躇，怎样给你去电。今早上你的电从硖石转了来。我怎不知道你急？我的眉眉！盼望我的复电可以给你些安慰。我的信想都寄到，"蓝信"英文的十封，中文的一封，此外非蓝信不编号的不知有多少封。除了有一天没有写，总算天天给我眉作报告的。白天的事情其实是太平常。一无足写。夜里睡不着的时候多，梦不很有，有也记不清，将来还是看你的吧。

今天我得到消息，更觉得愁了，张女士坐新丰轮①来，要二月二十七日才从天津开，真把我肚子都气瘪。这来她至少三月一二才能到，我得呆着在这里等，你说多冤！方才我又对爸爸提了，我说眉急的凶，我想走了。他说，他知道，但是没办法，总得等她到后，结束了才能走，否则你自己一样不安心不是；北京那里你常有信去，想也不至过分急。所以我只得耐心等，这是一个不快消息。第二件事叫我操心的，是报上说李景林打了胜仗，又逼近天津了，这可不是玩，万一京津路再像上回似的停顿起来，那怎么好？

我们只能祷告天帮忙着我们：一，我们大事圆满解决；二，我们及早可以重聚，不至再有麻烦。眉你怎不来信？你说我在上海过最干枯的日子，连你的信都见不着，怎过得去？

眉眉，我们尝受过的阻难也不少了，让我们希望此后永远是平安。我倒也不是完全为我们自己着想，为两边的高堂是真的。明明走了，前两天唐有壬、欧阳予倩走，我眼看他们一个个的往回走。就只我落在背后，还有满肚子的心事，真是无从叫苦。英国的赔款委员全到了，开会在天津，我一定拉适之同走。回头再接写！

摩问眉　正月十三日

①招商局从英国订造的海轮，经营青岛北洋航线。

第 [20] 封 · **看戏**

一九二六年二月二十六日自上海

眉眉乖乖：

今天托久之带京网篮一只，内有火腿茶菊，以及家用托买的两包。你一双鞋也带去，看适用否，缎鞋年前已卖完，这双尺寸恰好，但不怎么好；茶菊你替我留下一点，我要另送人。今天我又替你买了一双我自以为极得意的鞋，你一定欢喜，北京一定买不出，是外国做来的，价钱可不小。你的大衣料顶麻烦，我看过，也问过，但始终没有买，也许不买，到北京再说。你说要厚呢夹大衣，那还不是冬天用的，薄的倒有好看的，怕又买不合式。天台橘子倒有，临走时再买，早买要坏。火腿恐不十分好，包头里的好，我还想去买些，自己带。

适之真可恶，他又不走了！赔款委员会①仍在上海开，他得在此接洽，他不久搬去沧州别墅。

昨晚有人请我妈听戏，我也陪了去；听的你说是什么？就是上次你想听没听着的《新玉堂春》。尚小云②唱的真不坏。下回再有，一定请眉眉听去。

朱素云③也配得好，昨晚戏园里挤得简直是水泄不通。戏情虽则简单，却是情形有趣。三堂会审后，穿蓝的官与王金龙作对，他知道王三一定去监牢里会苏三，故意守他们正在监内绸缪的时候，带了衙役去查监。吓得王三涂了满面窑煤，装疯混了出去。后来穿红的官做好人，调和了他们，审清了案子，苏三挂红出狱。苏三到客店里去梳妆一节，小云做得极好，结局拜天地团圆，成全了一对恩爱夫妻。这戏不坏。但我看时也只想着眉眉，她说不定几时候怎样坐立不安的等着我哩！

眉眉，我真的心烦。什么事也做不成。今天想写一点给副刊，提了笔直发愣，什么也没有写成。大约在我见眉之前，什么事都不用想了，这几十天就算是白活的，真坑人！思想也乱得很，一时高飞，一时沉底，像在梦里似的，与人谈话也是心不在焉的慌。

眉眉，不知道你怎样；我没有你简直不能做人过日子。什么繁华，什么声色，都是甘蔗滓，前天有人很热心的要介绍电影明星，我一点也没兴趣，一概婉辞谢绝。上海可不了，这班所谓明星，简直是"火腿"的变相，那里还是干净的职业，眉眉，你想上银幕的意思趁早打消了罢！我看你还是往文学美术方面，耐心的做去。不要贪快，以你的聪明，只要耐心，什么事不成，你真的争口气，羞羞这势利世界也好！你近来身体怎样，没有信来真急人，昨天有船到，今天还是没有信。大概你压根儿就没有写。

我本该明天赶到京和我的爱眉宝贝同过元宵的，谁知我们还得磨折，天罚我们冷清清的一个在南，一个在北，冷眼看人家热闹，自己伤心！新月社一定什么举动也没，风景煞尽的了！你今晚一定特别的难过，满望摩摩元宵回京，谁知道还是这形单影只的！你也只能自己譬解譬解，将来我们温柔的福分厚着，蜜甜的日子多着；名分定了，谁还抢得了？我今晚仍伴妈睡，爸在杭未回。昨晚在第一台见一女，长得真美，妈都看呆了；那一双大眼真惊人，少有得见的。见时再详说。

堂上请安。

摩摩问候　元宵前夜

---

①庚子赔款委员会。胡适是"中英庚款顾问委员会"的中方顾问。②尚小云（1900～1976），京剧四大名旦之一。③朱素云（1872～1930），京剧名小生。

第 [21] 封 · **等我**

一九二六年二月二十七日自上海

眉我的乖：

昨晚写了信，托沈久之带走，他又得后天才走，我恨不能打长电给你；将来无线电实行后，那就便了。本来你知道一百五十年前寄信，不但在中国是麻烦不堪的事，俗语说的一纸家书值万金；就在外国也是十二分的不方便。在英国邮政是分区域的，越远越贵，从伦敦寄信到苏格兰要花不少的钱。后来有一个叫威廉什么的，他住在伦敦，他的爱人在苏格兰，通信又慢又贵。他气极了，就想了一个办法，就是现在邮政的制度。寄信不论远近，在国内收费一律。他在议会上了一个条陈，叫做"辨士信"①，意思是一辨士可以寄一封信。这条陈提出议会时，大家哄堂大笑，有一个有名的政治家宣言，他一辈子从不曾听见过这样荒谬透顶的主张；说这个人一定是疯的，怎么一辨士可以寄信到苏格兰，不是太匪夷所思了！但后来这位情急先生的主张竟然普遍实行了。现在我们邮政有这样利便，追溯源委，也还全亏"恋爱的灵感"，你说有趣不？但这一打仗，什么都停顿了。手边又没有青鸟，这灵犀耿耿，向何处慰情去？

从前欧洲大战时，邦交断绝时，邮政不通，有隔了五年才寄到的信！现在我们中间，只差了二三千里路，但为政治捣乱，害得我们信都不得如意的通。将来飞机邮政一定得实行，那就不碍事了，眉眉你也一定有同样的感想！方才派人去买船票了，至迟三日四日不能不动身。再要走不成，我一定得疯了；这来已经是够危险，李景林已取马厂，第三军无能，天津旦夕可下。假如在我赶到之前，京津要是又断了，那真怎么好！我立定主意冒险也得赶进京。

眉，天保佑，你等着吧。今天与徐振飞谈得极投机，他也懂得我，银行界中就他与王文伯有趣，此外市侩居多，例如子美。怎好，今天还不是元宵？你我中秋不曾过成，新年没有同乐，元宵又毁了。眉爱，你怎样想我，我是"心头如火"；振铎②邀去吃饭，有几个文学家要会我，我得喝几杯，眉眉，我祝福你！

你的顶亲亲的摩摩

①通译为"便士"，英国货币辅币单位，类似于中国的"分"。②郑振铎（1898～1958），文学研究会发起人。

风姿绰约的陆小曼

晚年的陆小曼

陆小曼的绘画作品

陆小曼的山水画

陆小曼绘的美人图

陆小曼绘的《闲游听潮图》

170

杨杏佛绘陆小曼像及题词

半捲湘簾半掩門　碾冰為土玉

為盆偷來梨蕊三分白　借得梅

花一縷魂　月窟仙人縫縞袂　秋

閨怨女拭啼痕　嬌羞默默同

誰訴　倦倚西風夜已昏

非閱紅樓夢見黛玉詠白海棠詩其本
清～氣好似其平日之為人閒～令人神往
宋在無事錄此消悶　庚午庞六昔人誌

陆小曼题诗

陆小曼的油画：《徐志摩和泰戈尔》

陆小曼绘的山水画

陆小曼绘画

陆小曼绘的山水画

陆小曼书法《洛河神赋》

古涧一枝梅，免被園
林鎮。路遠山深不怕
寒，似共春相趂，幽思
有誰知？託契都難可。
獨自水流獨自香，明
月來尋我。小曼學書

陆小曼的书法作品

知是雲門且是若耶隔溪山影柳
煙遮望中一點青帘出便是花
陰賣酒家錄前人句癸未花朝日
搬趙令穰筆意以奉
少初先生大雅正之 小曼陸眉

陆小曼书法

《第叁章》 小曼日记

一九二五年三月十一日——七月十七日

这几天从摩走后，这世界好像又换了一个似的，我到东也不见他那可爱的笑容，到西也不听见他那柔美的声音，一天到晚再也没有一个人来安慰我，真觉得作人无味极了，为甚么一切事情都不能遂心适意呢？

陆小曼生于富贵之家，从小受过良好教育，才华横溢，她向往自由，追求浪漫有情趣的爱情，然而现实却不遂她愿。她19岁那年，在父母之命下嫁给『前途无量』的军人王庚，然而她总是郁郁寡欢，感觉婚姻生活很枯燥，直到遇见徐志摩，眼前一亮。就这样，一个刚离婚，一个有夫之妇，迸发出了轰轰烈烈的爱情。

第 [1] 篇・分离

三月十一日

一个月之前我就动了写日记的心，因为听得"先生"们讲各国大文豪写日记的趣事，我心里就决定来写一本玩玩，可是我不记气候，不写每日身体的动作，我只把我每天的内心感想，不敢向人说的，不能对人讲的，借着一枝笔和几张纸来留一点痕迹。不过想了许久老没有实行，一直到昨天摩叫我当信一样的写，将我心里所想的，不要遗漏一字的都写了上去，我才决心如此的做了，等摩回来时再给他当信看。这一下我倒有了生路了，本来我心里的痛苦同愁闷一向逼闷在心里的，有时候真逼得难受，说又没有地方去说；以后可好了，我真感谢你，借你的力量我可以一泄我的冤恨，松一松我的胸襟了。以后我想写甚么就可以写甚么，反正写出来也不碍事，不给别人看就是了。本来人的思想往往会一忽儿就跑去的，想过就完，现在我可要留住它了，不论甚么事想着就写，只认定一个"真"

字，以前的一切我都感觉到假，为甚么一个人先要以假对人呢？大约为的是有许多真的话说出来反要受人的讥笑，招人的批评，所以吓得一般人都迎着假的往前走，结果真纯的思想反让假的给赶走了。我若再不遇着摩，我自问也要变成那样的，自从我认识了你的真，摩，我自己羞愧死了，从此我也要走上"真"的路了。希望你能帮助我，志摩。

昨天摩出国，我本不想去车站送他，可是又不能不去，在人群中又不能流露出十分难受的样子，还只是笑嘻嘻的谈话；恍惚满不在意似的。在许多人的目光之下，又不能容我们单独的讲几句话，这时候我又感觉到假的可恶，为甚么要顾虑这许多，为甚么不能要说甚么就说甚么呢？我几次想离开众人，过去说几句真话，可是说也惭愧，平时的决心和勇气，不知都往那里跑了，只会泪汪汪的看着他，连话都说不出口来。自己急得骂我自己，再不过去说话，车可要开了；那时我却盼望他能过来带我走出众人眼光之下，说几句最后的话。谁知他也是一样的没有勇气。一双泪汪汪的眼睛只对着我发怔，我明知道他要安慰我，要我知道他为甚么才弃我远去，他有许多许多的真话，真的意思，都让社会的假给碰回去了，便只好大家用假话来敷衍。那时他还走过来握我的手，我也只能苦笑着对他说"一路顺风"。我底头不敢向他看，也不敢向别人看，一直到车开，我还看见他站在车头上向我们送手吻

（我知道一定是给我一个人的）。我直着眼看，只见他的
人影一点一点糊涂起来，我眼前好像有一层东西隔着，慢
慢的连人影都不见了，心里也说不出是甚么味儿，好像一
点知觉都没有了似的，一直等到耳边有人对我说"不要看
了，车走远了"，我才像梦醒似的回头看见人家多在向着
我笑，我才很无味的回头就走。走进车子才知道我身旁还
有一个人坐着。他冷冷对我说，"为甚么你眼睛红了？哭
么？"咳！他明知我心里有说不出的难受，还要假意儿问
我，呕我；我知道他乐了，走了我的知己，他还不乐？

回家走进了屋子，四面都露出一种冷清的静，好像连
钟都不走了似的，一切都无声无嗅了。我坐到书桌上，看
见他给我的信，东西，日记，我拿在手里发怔，也不敢去
看，也不想开口，只是呆坐着也不知道自己要做点甚么才
好。在这静默空气里我反觉得狠有趣起来，我希望永远不
要有人来打断我的静，让我永远这样的静坐下去。

昨天家里在广济寺①做佛事，全家都去的，我当然是
不能少的了。可是这几天我心里正在说不出的难过，还要
我过去酬应那些亲友们，叫我怎能忍受？没有法子，得一
个机会我一个人躲到后边大院里去清静一下。走进大院看
见一片如白昼的月光，照得栏杆、花、木、石桌，样样清
清楚楚，静悄悄的一个人都没，可爱极了。那一片的静，
真使人能忘却了一切的一切，我那时也不觉得怕了，一个
人走过石桥在栏杆上坐着，耳边一阵阵送过别院的经声、

钟声、禅声，那一种音调真凄凉极了。我到那个时光，几天要流不敢流的眼泪便像潮水般的涌了出来，我哭了半天也不知是哭的甚么，心里也如同一把乱麻，无从说起。

今天早晨他②去天津了。我上了三个钟头的课，先生给我许多功课，我预备好好的做起来。不过这几天从摩走后，这世界好像又换了一个似的，我到东也不见他那可爱的笑容，到西也不听见他那柔美的声音，一天到晚再也没有一个人来安慰我，真觉得做人无味极了，为甚么一切事情都不能遂心适意呢？随处随地都有网包围着似的，使得手脚都伸不开，真苦极了。想起摩来更觉惆怅，现在不知道已经走到甚么地方了，也许已过哈尔滨了吧。昨晚庙里回来就睡下，闭着眼细细回想在庙后大院子里得着的那一忽儿清闲，连回味都是甜的。像我现在过的这种日子，精神上，肉体上，同时的受着说不出的苦，不要说不能得着别人一点安慰与怜惜，就是单要求人家能明白我，了解我，已经是不容易的了！

今天足足的忙了一天，早晨做了一篇法文，出去买了画具，饭后陈先生来教了半天，说我一定能进步得快，倒也有趣。晚饭时三伯母等来请我去吃饭，M.L.③也来相约，我都回绝她们了，因为我只想一个人静静的坐坐，况且我还要给摩写信。在灯下不知不觉的就写了九张纸，还是不能尽意，薄薄的几张纸能写得上多少字呢？

临睡时又看了几张摩的日记，不觉又难受了半天。可叹我自小就是心高气傲，想享受别的女人不大容易享受得到的一切，而结果现在反成了一个一切都不如人的人。其实我不羡富贵，也不慕荣华，我只要一个安乐的家庭，如心的伴侣，谁知连这一点要求都不能得到，只落得终日里孤单的，有话都没有人能讲，每天只是强自欢笑的在人群里混。又因为我不愿意叫人家知道我现在是不快乐，不如意，所以我装着是个快乐的人，我明知道这种办法是不长久的，等到一旦力尽心疲，要再装假也没有力气了，人家不是一样会看出来的么？所幸现在已有几个知己朋友们知道我，明白我，最知我者当然是摩！他知道我，他简直能真正的瞭解我，我也明白他，我也认识他是一个纯洁天真的人，他给我的那一片纯洁的爱，使我不能不还给他一个整个的圆满的永没有给过别人的爱的。

---

①位于北京西城白塔寺，始建于宋末。②指王赓。③日记墨迹作"梦缘"。

第 [2] 篇 · **痛快**

三月十四日

　　昨天忙了一天，起身就叫娘来赶了去，叫我陪她去
医院，可是几件事一做，就晚了来不及去了。吃了饭回家
写了一封信给摩，下午S来谈话，两人不知不觉说到晚上
十一点才走，大家有相见恨晚的感想，痛快得很。

第 [3] 篇 · **爱情**

三月十七日

可恨昨天才写得有趣的时候，他忽然的回来了。我本想一个人舒舒服服的过几晚清闲的晚上的，借着笔发泄发泄心里的愁闷，谁知又不能如愿。W.C.①都来过，也无非是大家瞎谈一阵闲话，一无可记的，倒是前天S.②的几句话，引起我无限的怅惘。我现在正好比在黑夜里的舟行大海，四面空阔无边，前途又是茫茫的不知何日才能达到目的地，也许天空起了云雾，吹起狂风降下雷雨将船打碎沉没海底永无出头之日；也许就能在黑雾中走出个光明的月亮，送给黑沉沉的大海一片雪白的光亮，照出了到达目的地去的方向。所以看起来一切还须命运来帮忙，人的力量是很有限的。S.说当初他们都不大认识我的，以为不是同她们一类的，现在才知道我，咳，也难怪！

我是一个没有学问的狠浅薄的女子，本来我同摩相交自知相去太远，但是看他那样的痴心相向，而又受到了初恋的痛苦，我便怎样也不能再使他失望了。摩，你放心，我永不会叫你失望就是，不管有多少荆棘的路，我一定走向前去找寻我们的幸福，你放心就是！

S.走后，我倒床就哭，自己也不知道何处来的那许多眼泪，我想也许是这一个礼拜实在过得太慢了，太凄惨了，以后的日子不知怎样才能度过呢？昨天接着摩给娘的信，看得我肝肠寸断了，那片真诚的心意感动了我，不怕连日车上受的劳顿，在深夜里还赶着写信，不是十二分的爱我怎能如此？摩，我真感谢你。在给我的信中虽然没有多讲，可是我都懂得的，爱！

你那一个字一个背影我都明白的，我知道你一字一泪，也太费苦心了，其实你多写也不妨。我昨晚得一梦，早知你要来信，所以我早预备好了，不会叫他看见的。我近日常梦见你，摩，梦见你给我许多梅花，又香，又红，又甜，醒来后一切都没有了，可是那时我还闭着眼不敢动（怕吓走了甜蜜的梦境），来回的想——想起我们在月下清谈的那几天是多有趣呀！现在呢？远在千里外叫亦不听见；要是我们能不受环境的压迫，携手同游欧美，度我们理想的日子，够多美呢！到今天我有些后悔不该不听你的话了。

刚才念信时心里一阵阵的酸，真苦了你了，我的爱，我害你了，使你一个人冷清清的过那孤单旅行的苦，我早知道没有人照顾你是不行的，你看是不是又招凉了？我真不放心，不知道有甚么法子可以使得你自己会当心一点冷暖才好，你要知道你在千里外生病，叫我怎能不急得发晕？

今天是礼拜，我偏有不能辞的应酬，非去不可，但是我的心直想得一个机会来静静的多写几张日记，多写几行信，那有余情来作无谓的应酬？难怪我一晚上闹了几个笑话，现在自己想想都是可乐的，"心无二用"这句话真是透极了，一个人只要心里有了事情，随便作甚么事都要错乱的。

S.说，男女的爱一旦成熟结为夫妇，就会慢慢的变成怨偶的，夫妻间没有真爱可言，倒是朋友的爱较能长久。这话我认为对极了，我觉得我们现在精神上的爱情是不会变的，我也希望我们永远作一个精神上的好朋友，摩，不知你愿否？我现在才知道夫妻间没有真爱情而还须日夜相缠，身体上受的那种苦刑是只能苦在心，不能为外人道的。我今天写得狠舒服，明天恐怕没有机会了，因为早晨须读书，饭后随娘去医院，下午又要到妹妹家去，晚上又是那法国人请客，许多不能不去做的事情又要缠着一正天，真是苦极了。

①指梦缘、胡适、张慰慈。②指凌叔华。

第[4]篇 · 无缘

三月十九日

你瞧！一下就连着三天不能亲近我的日记。十六那天本想去妹妹家的，谁知是三太太的生日，又是不能不去，在她家碰见了寄妈，被她取笑得我泪往里滚，摩！我害了你了，我是不怕，好在叫人家说惯了，骂我的人，冤枉我的人也不知有多少，我反正不与人争辩，不过我不愿意连你也为我受骂，咳！我真恨，恨天也不怜我，你我已无缘，又何必使我们相见，且相见而又在这个时候，一无办法的时候？在这情况之下真用得着那句"恨不相逢未嫁时"的诗了。现在叫我进退两难，丢去你不忍心，接受你又办不到，怎不叫人活活的恨死！难道这也是所谓天数吗？

今天是S.①请吃饭，有W.H.②等几个人的清谈，倒使我精神一畅呢！回家就接着你由哈尔滨寄来的一首诗，咳！真苦了你了。我知道你是那样的凄冷，那样的想念我，而又不能在笔下将一片痴情寄给我，连说话都不能明说，反不如我倒可以将胸中的思念一字一句都寄给你，让你看了舒服，同时我也会感觉着安慰。因此我就想到你不能说的苦，慢慢的肚子一定要涨破的。不过你等着吧，一有办法你就可以尽量的发泄你的爱的，我一定要寻一个通信的地址。今晚我无意中说了一句，这个礼拜为甚么过得这样慢，W.他们都笑起来，我叫他们笑得脸红耳热，越法的难过了，因为我本来就不好过，叫他们再一取笑，我真要哭出来了；还是S.看我可怜救了我的。

---

①指凌叔华。②指胡适、张歆海、陈源等。

．决心

三月二十二日

　　昨天才写完一信，T^①来了，谈了半天。他倒是个很好的朋友，他说他那天在车站看见我的脸吓一跳，苍白得好像死去一般，他知道我那时的心一定难过到极点了。他还说外边谣言极多，有人说我要离婚了，又有人说摩一定是不真爱我，若是真爱决不肯丢我远去的。真可笑，外头人不知道为甚么都跟我有缘似的，无论男女都爱将我当一个谈话的好材料，没有可说也得想法造点出来说，真奇怪了。T.也说现在是个狠好脱离机会，可是娘呢？咳，可是娘呀！你可害苦了我啦，我一生的幸福恐怕要为你牺牲了！

　　摩，为你我还是拼命干一下的好，我要往前走，不管前面有几多的荆棘，我一定直着脖子走，非到筋疲力尽我决不回头的。因为你是真正的认识了我，你不但认识我表面，你还认清了我的内心，我本来老是自恨为甚么没有人认识我，为甚么人家全拿我当一个只会玩只会穿的女子；可是我虽恨，我并不怪人家，本来人们只看外表，谁又能真生一双妙眼来看透人的内心呢？受着的评论都是自己去换得来的，在这个黑暗的世界有几个是肯拿真性灵透露出来的？像我自己，还不是一样成天埋没了本性以假对人的么？只有你，摩！第一个人能从一切的假言假笑中看透我的正心，认识我的苦痛，叫我怎能不从此收起以往的假而真正的给你一片真呢！我自从认识了你，我就有改变生活的决心，为你我一定认真的做人了。

因为昨晚一宵苦思，今晨又觉满身酸痛，不过我快乐，我得着了一个全静的夜。本来我就最爱清静的夜，静悄悄只我一个人，只有滴达的钟声做我的良伴，让我爱做甚么就做甚么。不论坐着，睡着，看书，都是安静的，再无聊时耽着想想，做不到的事情，得不着的快乐，只要能闭着眼像电影似的一幕幕在眼前飞过也是快乐的，至少也能得着片刻的安慰。昨晚我想你，想你现在一定已经看得见西伯利亚的白雪了，不过你眼前虽有不容易看得到的美景，可是你身旁没有了陪伴你的我，你一定也同我现在一般的感觉着寂寞，一般心内叫着痛苦的吧！

我从前常听人言生离死别是人生最难忍受的事情，我老是笑着说人痴情，谁知今天轮到了我身上，才知道人家的话不是虚的，全是从痛苦中得来的实言。我今天才身受着这种说不出叫不明的痛苦，生离已经够受的了，死别的味儿想必更不堪设想吧。

回家陪娘去看病，在车中我又探了探她的口气，我说照这样的日子再往下过，我怕我的身体上要担受不起了。她倒反说我自寻烦恼，自找痛苦，好好的日子不过，一天到晚只是去模仿外国小说上的行为，讲爱情，说甚么精神上痛苦不痛苦，那些无味的话有甚么道理。本来她在四十多年前就生出来了，我才生了二十多年，二十年内的变化与进步是不可计算的，我们的思想当然不能符合了。她们看来夫荣子贵是女子的莫大幸福，个人的喜，乐，哀，怒是不成问题的，所以也难怪她不能明瞭我的苦楚。

本来人在幼年时灌进脑子里的知识与教育是永不会迁移的，何况是这种封建思想与礼教观念更不容易使他忘记。所以从前多少女子，为了怕人骂，怕人背后批评，甘愿自己牺牲自己的快乐与身体，怨死闺中，要不然就是终身得了不死不活的病，呻吟到死。这一类的可怜女子，我敢说十个里面有九个是自己明知故犯的，她们可怜，至死还不明白是甚么害了她们。

摩！我今天狠运气能够遇着你，在我不认识你以前，我的思想，我的观念，也同她们一样，我也是一样的没有勇气，一样的预备就此糊里糊涂的一天天往下过，不问甚么快乐甚么痛苦，就此埋没了本性过它一辈子完事的；自从见着你，我才像乌云里见了青天，我才知道自埋自身是不应该的，做人为甚么不轰轰烈烈的做一番呢？我愿意从此跟你往高处飞，往明处走，永远再不自暴自弃了。

①日记墨迹作"翊唐"。

第 [6] 篇 · **臆想**

三月二十八日

一连又是几天不能亲近你了，摩！这日子真有点过不下去了，一天到晚只是忙些无味的酬应，你的信息又听不到，你的信也不来，算来你上工了也有十几天了，也该有信来了，为甚天天拿进来的信我老也见不着你的呢？难道说你真的预备从此不来信了么？也许朋友们的劝慰是有道理的。你应该离开我去海外洗一洗脑子，也许可以洗去我这污浊的里影，使你永远忘记你曾经认识过我。

我的投进你的生命中也许是于你不利，也许竟可破坏你的终身的幸福的，我自己也明白，也看得狠清，而且我们的爱是不能让社会明瞭，是不能叫人们原谅的。所以我不该盼你有信来，临行时你我不是约好不通信，不来往，大家试一试能不能彼此相忘的么？在嘴里说的时候，我的心里早就起了反对，（不知你心里如何？）口内不管怎样的硬，心里照样还是软绵绵的；那一忽儿的口边硬在半小时内早就跑远了，因此不等到家我就变了主意，我信你也许同我一样，不过今天不知怎样有点信不过你了，难道现在你真想实行那句话了么？难道你才离开我就变了方向了么？你若能真的从此不理我倒又是一件事了。

本来我昨天就想退出了，大概你在第三封信内可以看见我的意思了，你还是去走那比较容易一点的旧路吧，那一条路你本来已经开辟得快成形了，为甚么又半路中断去呢？前面又不是绝对没有希望，你不妨再去走走看，也许可以得到圆满的结果，我这边还是满地的荆棘，就是我二人合力的工作也不知几时才可以达到目的地呢？其中的情形还要你自己再三想想才好。

我很愿意你能得着你最初的恋爱，我愿意你快乐，因为你的快乐就和我的一样。我的爱你，并不一定要你回答我，只要你能得到安慰，我心就安慰了，我还是能照样的爱你，并不一定要你知道的。是的；摩！我心里乱极了，这时候我眼里已经没有了我自己，我心里只有你的影子，你的身体，我不要想自身的安全，我只想你能因为爱我而得到一些安慰，那我看着也是乐的。

第 [7] 篇 · 不安

三月二十九日

前天写得好好的，他又回来了。本来这几天因为他在天津所以我才得过着几天清闲的日子，在家里一个人坐着看看书，写写字，再不然想你时就同你笔上谈谈，虽然只是我一个人自写自意，得不着一点回音，可是我觉得反比同一个不懂的人谈话有趣得多。现在完了，我再也不能得到安慰了。所以昨天我就出去了一正天，吃饭，看戏，反正只要有一个去处，便能将青天快快的变成黑天。怪的倒是你为甚么还没有信来？你没有信来我就更坐立不安了；我的心每天只是无理由的跳，好好的跟人家说着话的时候我也会一阵阵的脸红心跳，自己也不知道是为了甚么，这样下去，我怕要得心脏病了。

第 [8] 篇 · 命运

四月十二日

好，这一下有十几天没有亲近你了，吾爱，现在我又可以痛痛快快的来写了。前些日因为接不着你的信，他又在家，我心里又烦，就又忘了你的话，每天只是在热闹场中去消磨时候，不是东家打牌就是出外跳舞，有时精神萎顿下来也不管，摇一摇头再往前走。心里恨不得从此消灭自身，眼前又一阵阵的糊涂起来，你的话，你的劝告也又在耳边打转身了。有时娘看得我有些出了神似的就逼着我去看医生，碰着那位克利老先生又说得我的病非常的沉重，心脏同神经都有了十分的病。因此父母为我又是日夜不安，尤其是伯伯每天跟着我像念经似的劝叫我不能再如此自暴自弃，看了老年人着急的情形，我便只能答应吃药，可笑！药能治我的病么？再多吃一点也是没有用的，心里的病医得好么？

一边吃药，一边还是照样的往外跑，结果身体还是敌不过，没有几天就真正病倒在床上了。这一来也就不得不安静下来，药也不能不吃了。还好，在这个时候我得着了你的安慰，你一连就来了四封信，他又出了远门，这两样就医好了我一半的病，这时候我不病也要求病了；因为借了病的名字我好一个人静静的睡在床上看信呀！摩！你的信看得我不知道蒙了被哭了几次，你写得太好了，太感动我了。今天我才知道世界上的男人并不都是像我所想像那样的，世界上还有像你这样纯粹的人呢，你为甚么会这样的不同的呢？

摩！我现在又后悔叫你走了，我为甚么那样的没有勇气，为甚么要顾着别人的闲话而叫你去一个人在冰天雪地里过那孤单的旅行生活呢？这只能怪我自己太没有勇气，现在我恨不能丢去一切飞到你的身畔来陪你。我知道你的苦，摩，眼前再有美景也不会享受的了。咳！我的心简直痛得连话都说不出来了，这样的日子等不到你回来就要完的。这几天接不着你的信已经够害得我病倒，所以只盼你来信可以稍得安心，谁知来了信却又更加上几倍的难受。这一忽几百支笔也写不出我心头的乱，甚么味儿自己也说不出，只觉着心往上钻，好像要从喉管里跳出来似的，床上再也睡不住了，不管满身热得多利害，我也再按止不住了，在这深夜里再不借笔来自己安慰自己，我简直要发疯了。

摩你再不要告诉我你受了寒的话吧：你不病已经够

我牵挂的了，你若是再一病那我是死定了。我早知道你是不会自己管自己的，所以临行时我是怎样叮咛你的，叫你千万多穿衣服，不要在车上和衣睡着，你看，走了不久就着冷了。你不知道过西伯利亚时候够多冷，虽然车里有热气，你只要想薄薄的一层玻璃那能挡得住成年不见化的厚雪的寒气。你为甚么又坐着睡着呢？这不是活活急死我么？受了一点寒还算运气，若是变了大病怎么办？我又不能飞去，所以只能你自己保重啊。

你也不要怨了，一切一切都是命，我现在看得明白极了，强求是无用，还是忍着气，耐着心等命运的安排吧。也许有那么一天等天老爷一看见了我们在人间挣扎的苦况，哀怜的叫声，也许能叫动他的怜恤心给我们相当的安慰，到那时我们才可以吐一口气了！现在纵然是苦死也是没有用的，有谁来同情你？有那一个能怜恤你？还不如自认了吧。人要强命争气是没有用的，只要看我们现在一隔就是几千里，谁叫谁都叫不着，想也是妄然，一个在海外惆怅，一个在闺中呻吟，你看！这不是命运么？这难道不是老天的安排？还不是他在冥冥中使开他那蒲扇般的大手硬生生的撕开我们么？柔弱的我们，那能有半点的倔强？不管心里有多少的冤屈，事实是会有力量使得你服服贴贴的违背着自己的心来做的。

这次你问心是否愿意离着我远走的？我知道不是！谁都能知道你是勉强的，不过你看，你不是分明去了么？我为甚么不留你？为甚会甘心的让你听了人家的话而走呢？为甚么我们二人没有决心来挽回一切？我心里分明口口声声的叫你不要走，可是你还不是照样的走了！你明白不？天意如此，就是你有多大的力量也挽回不转的。所以我一到愁闷得无法自解的时候，就只好拿这个理由来自骗了。

现在我一个人静悄悄的独坐在书桌前，耳边只听见街上一声两声的打更声，院子里静得连风吹树叶的声音都没有，甚么都睡了，为甚么我放着软绵绵的床不去睡，别人都一个个正浓浓的做着不同的梦，我一个人倒肯冷清清的呆坐着呢？为谁？怨谁？摩，只怕只有你明白吧！我现在一切怨，恨，哀，痛，都不放在心里，我只是放心不下你，我闭着眼好像看见你一个人和衣耽在车箱里，手里拿了一本书，可是我敢说你是一句也没有看进去，皱着眉闭着眼的苦想，车声风声大得也分不出你我，窗外是黑得一样也看不出，车里虽有暗暗的一支小灯，可也照不出甚么来。在这样惨淡的情形下，叫你一个人去受，叫我那能不想着就要发疯？

摩！我害了你，事到如今我也明知没有办法的了，只好劝你忍着些吧；你快不要独自惆怅，你快不要让眼前风光飞过，你还是安心多做点诗多写点文章吧，想我是勉不了的。我也知道，在我们现在所处的地位，彼此想要强制着不想是不可能的，我自己这些日子何尝不是想得你神魂颠倒。虽然每天有意去寻事做，想减去想你的成份，结果反做些遭人取笑的举动使人家更容易看得出我的心有别思，只要将我比你，我就知道你现在的情形是怎样了。别的话也不用说了，摩，忍着吧！我们现在是众人的俘虏了，快别乱动，一动就要招人家说笑的，反正我这一面由我尽力来谋自由，一等机会来了我自会跳出来，只要你耐心等着不要有二心。

我今天提笔的时候是满心云雾，包围得我连光亮都不见了，现在写到这里，眼前倒像又有了希望，心底里的彩霞比我台前的灯光还亮，满屋子也好像充满了热气使人遍体舒适。摩！快不用惆怅，不必悲伤，我们还不至于无望呢！等着吧！我现在要去寻梦了，我知道梦里也许更能寻着暂时的安慰，在梦里你一定没有去海外，还在我身边低声的叮咛，在颊旁细语温存。

是的，人生本来是梦，在这个梦里我既然见不着你，我又为甚么不到那一个梦里去寻你呢？这一个梦里做事都有些碍手阻脚的，说话的人太多了，到了那一个梦里我相信我你一定能自由做我们所要做的事，决没有旁人来诲谤，再没有父母来干涉了！摩，要是我们能在那一个梦里寻得着我们的乐土，真能够做我们理想的伴侣，永远的不分离，不也是一样的么？我们何不就永远住在那里呢？

咳！不要把这种废话再说下去了，天不等我，已经快亮了，要是有人看见我这样的呆坐着写到天明，不又要被人大惊小怪吗？不写了，说了许多废话有甚么用处呢？你还是你，还是远在天边，我还是我，一个人坐在房里，我看还是早早的去睡吧！

___第 [9] 篇___・**母亲**

四月十五日

病一好就成天往外跑，也不知那儿来的许多事情，躲也躲不远，藏也没有地方藏，每天像因犯似的被人监视着，非去不可，也不管你心里是甚么味儿。更加一个娘，到处都要我陪着去；做女儿的这一点责任又好像无可再避，只得成天拿一个身体去酬应她们，不过心里的难过是没有人可以知道的了。害得我一连几天不能来亲近你，我的爱，这种日子也真亏我受得了！今天又和母亲大闹，我就问她"一个人做人还是自己做呢还是为着别人做的？"我觉得一个人只要自己对得起自己就成了，管别人的话是管不了许多的。这许多人你顺了这个做，那个也许不满意，听了那一个的话又违背了这一个，结果是永远不会全满意的。为了要博取人家一句赞美的话而牺牲了自己的幸福，我看这种人多得很呢；我不愿再去把自己牺牲了，我还是管了我自己的好，摩，你说对么？

　　真的，今天还有一件事使我难受到极点：今天我同娘争论了半天，她就说"我忘了告诉你一件事，你先慢慢的走我还有话呢"，说着她就从床前抽屉里拿出一封信往我面前一掷，我一看，原来是你的笔迹。我倒呆了半天，不知你写的甚么，心里不由得就跳荡起来了，我拿着一口气往下看，看得我眼里的泪珠遮住了我的视线，一个字一个字都像被浓雾裹着似的，再也看不下去了。

　　摩！我的爱，你用心太苦了，你为我太想得周密了，你那一片清脆得像稚儿的真诚的呼唤声，打动了我这污浊的心胸，使我立刻觉得我自身的庸俗。你的心中那一句话不是从心底里回转几遍才说出来的，那一字不是隐念着我的？你为我，咳！你为我太苦了，摩！你以为你婉转劝导一定能打动她的心，多少给我们一条路走走，那知道你明珠似的话好似跌入了没底的深海，一点光辉都不让你发，你可怜的求告又何尝打得动她像滑石一般硬的心呢！一切不是都白费了么？到这种情况之下你叫我不想死还去想甚么呢？不死也要疯了，我再不能挣扎下去了，我想非去西山静两天不可了。只能暂时放下了你再讲，我也不管他们许不许，站起来就走，好在这不是跟人跑，同去的都是长辈亲友，他们再也说不出别样新鲜话了。只是一件，你要有几天接不到我的信呢。

第 [10] 篇 · **心碎**

四月十八日

那天写着写着他就回来了，一连几天乱得一点空闲也没有，本想跑到西山养病，谁知又改了期，下星期一定去得成了。事情是一天比一天复杂，他又有到上海去做事的消息，这次来进行的，若是事情办成，我又不知道要发配到何处呢？摩！看起来我们是凶多吉少。怎办？我的身体又成天叫他们缠着，每次接着你的信，虽然片刻的安慰是有的，不过看着你一个人在那里呻吟痛苦，更使我心碎。我以前见着人家写心碎这两个字，我老以为是说得过分；一个人心若是碎了人不是也要死了么？谁知道天下的成句是无有不从经验中得来的，我现在真的会感觉着心碎了。一到心里沉闷得无法解说时，我就会感得心内一阵阵的痛，痛得好似心在那儿一块一块撕下来，还同时觉得往下坠，那一种味儿我敢说世界上没有几个人能享受得到，摩！我也可算得不冤枉了，甚么味儿我都尝着过了，所谓人生，我也明白了。要是没有你，我真可以死了。

这两天我连娘的面都不敢见了，暂且躲过两天再说，我只想写信叫你回来，写了几次都没有勇气寄！其实你走了也不过一个多月，可是好像有几年似的，而且心里老有一种感想，好像今生再见不着你了。这是一种坏现象，我知道。我心里总是一阵阵的怕，怕甚么我也不知道，只觉着我身边自从没有了你就好似没有了灵魂一样。我只怕没有了你的鞭督，我要随着环境往下流，没有自拔的勇气，又怕懦弱的我容易受人家的支配，眼前一切都乱得像一蓬乱发无从理起，就是我的心也乱得坐卧不宁，我知道一定又要有不幸的事情发生了，他又成天的在家，我简直连写日记的功夫都没有了。

第 [11] 篇 · 不幸

四月廿日

昨天在酒筵前听到说你的小儿子①死了。听了吓一跳，不幸的事为甚么老接连着缠扰到我们身上来？为甚么别人的消息到比我快，你因何信中一字不提！不知你们见着最后的一面没有？我知道你很喜欢这个小的孩子，这一下又要害你难受几天。但愿你自己保重，摩！我这几日不大好，写信也不敢告诉你，怕你为我担忧，看起来我的身体要支撑不住了，每天只是无故的一阵阵心跳，自你走后我常无端的就耳热心跳。起头我还以为是想着你才有这现像，现在不好了，每天要来几回了。恐怕大病就在这眼前了，若是不立刻离开这环境简直一俩天内就要倒下来了。

---

① 徐志摩和张幼仪的第二个儿子徐德生，又称彼得。1925 年 3 月 19 日逝世。

第 [12] 篇 · **休养**

四月二十四日

现在我要暂时与你告别，我的爱！我决定去大觉寺①休养两礼拜了，在那儿一定没有机会写的，虽然我是不忍片刻离开你的，可是要是不走又要生出事来了，只好等你回来再细细的讲给你听吧！现在我拿你暂时锁起来！爱！让你独自闷在一方小屋子享受些孤单！好不？你知道！要是不将你锁起，一定有贼来偷你！一定要有人来偷看你！我怕你给别人看了去，又怕偷了去，只好请你受点闷气了，不要怨我，恨我！

---

①又称西山大觉寺，位于北京市海淀区阳台山麓，始建于辽代。

第 [13] 篇 · 杏花

五月十一日

这一回去得真不冤，说不尽的好，等我一件件的来告诉你。我们这几天虽然没有亲近，可是没有一天我不想你的，在山中每天晚上想写，只可恨没有将你带去，其实带去也不妨，她们都是老早上了床，只有我一个睡不着呆坐着，若是带了你去不是我可以照样每天亲近你吗？我的日记呀，今天我拿起你来心里不知有多少欢喜，恨不能将我要说的话像机器似的倒出来，急得我反不知从那里说起了。

那天我们一群人到了西山脚下改坐轿子上大觉寺，一连十几个轿子一条蛇似的游着上去，山路很难走，坐在轿上滚来滚去像坐在海船上遇着大风一样的摇摆，我是平身第一次坐，差一点拿我滚了出来。走了三里多路快到寺前，只见一片片的白山，白得好像才下过雪一般，山石树木一样都看不清，从山脚一直到山顶满都是白，我心里奇怪极了。这分明是暖和的春天，身上还穿着夹衣，微风一阵阵吹着入夏的暖气，为甚么眼前会有雪山涌出呢？打不破这个疑团我只得回头问那抬轿的轿夫，"喂！你们这儿山上的雪，怎么到现在还不化呢？"那轿夫跑得面头流着汗，听了我的话他们也好像奇怪似的一面擦汗一面问我"大姑娘：您说甚么？今年的冬天比那年都热，山上压根儿就没有下过雪，您那儿瞧见有雪呀？"他们一边说着便四下里去乱寻，脸上都现出了惊奇的样子。那时我真急了，不由的就叫着说"你们看那边满山雪白的不是雪是甚么？"我话还没有说完，他们倒都狂笑起来了。"真是城里姑娘不出门！连杏花儿都不认识，倒说是雪，您想五六月里那儿来的雪呢？"甚么？杏花儿！我简直叫他们给笑呆了。顾不得他们笑，我只乐得恨不能跳出轿子一口气跑上山去看一个明白。天下真有这种奇景么？乐极了也忘记我的身子是坐在轿子里呢，伸长脖子直往前看，急得抬轿的人叫起来了，"姑娘，快不要动呀，轿子要翻了"，一连几恍，几乎把我抛入小涧去。这一下才吓回了我的魂，只好老老实实的坐着再也不敢乱动了。

上山也没有路，大家只有一脚脚的从这块石头跳到那一块石头上，不要说轿夫不敢斜一斜眼睛，就是我们坐的人都连气都不敢喘，两只手使劲拉着轿杠儿，两个眼死顶着轿夫的两支脚，只怕他们一失脚滑下山涧去。那时候大家只顾着自己性命的出入，眼前不易得的美景连斜都不去斜一眼了。

走过一个石山顶才到了平地，一条又小又弯的路带着我们走进大觉寺的山脚下。两旁全是杏树林，一直到山顶，除了一条羊肠小路只容得一个人行走以外，简直满都是树。这时候正是五月里杏花盛开的时候，所以远看去简直像是一座雪山，走近来才看出一朵朵的花，坠得树枝都看不出了。

我们在树荫里慢慢的往上走，鼻子里微风吹来阵阵的花香，别有一种说不出的甜味。摩，我再也想不到人间还有这样美的地方，恐怕神仙住的地方也不过如此了。我那时乐得连路都不会走了，左一转右一转，四围不见别的，只是花。回头看见跟在后面的人，慢慢在那儿往上走，好像都在梦里似的，我自己也觉得我已经不是一个人了。这样的所在简直不配我们这样的浊物来，你看那一片雪白的花，白得一尘不染，那有半点人间的污气？我一口气跑上了山顶，站上了一块最高的石峰，定一定神往下一看，呀，摩！你知道我看见了甚么？咳，只恨我这支笔没有力量来描写那时我眼底所见的奇景！真美！从上往下斜着下去只看见一片白，对面山坡上照过来的斜阳，更使它无限的鲜丽，那时我恨不能将我的全身滚下去，到花间去打一个滚，可是又恐怕我压坏了粉嫩的花瓣儿。在山脚下又看见一片碧绿的草，几间茅屋，三两声狗吠声，一个田家的景象，满都现在我的眼前，荡漾着无限的温柔。这一忽儿我忘记了自己，丢掉了一切的烦恼，喘着一口大气，拼命的想将那鲜甜味儿吸进我的身体，洗去我五脏内的浊气，从新变一个人，我愿意丢弃一切，永远躲在这个地方，不要再去尘世间见人。真的，摩，那时我连你都忘了。一个人呆在那儿不是他们叫我我还不醒呢！

　　一天的劳乏，到了晚上，大家都睡得正浓，我因为想着你不能安睡，窗外的明月又在纱窗上映着逗我，便一个人就走到了院子里去，只见一片白色，照得梧桐树的叶子在地下来回的飘动。这时候我也不怕朝露里受寒，也不管夜风吹得身上发抖，一直跑出了庙门，一群小雀儿让我吓得一起就向林子里飞，我睁开眼睛一看，原来庙前就是一大片杏树林子。这时候我鼻子里闻着一阵芳香，不像玫瑰，不像白兰，只薰得我好像酒醉一般。慢慢的我不觉耽了下来，一条腿软得站都站不住了。晕沉沉的耳边送过来清呖呖的夜莺声，好似唱着歌，在嘲笑我孤单的形影；醉人的花香，轻含着鲜洁的清气，又阵阵的送进我的鼻管。忽隐忽现的月华，在云隙里探出头来从雪白的花瓣里偷看着我，也好像笑我为甚么不带着爱人来。这恼人的春色，更引起我想你的真挚，逗得我阵阵心酸，不由得就睡在蔓草上闭着眼轻轻的叫着你的名字（你听见没有？）。我似梦非梦的睡了也不知有多久，心里只是想着你——忽然好像听得你那活泼的笑声，像珠子似的在我耳边滚"曼，我来"，又觉得你那伟大的手，紧握着我的手往嘴边送，又好像你那顽皮的笑脸，偷偷的偎到我的颊边抢了一个吻去。这一下我吓得连气都不敢喘，难道你真回来了么？急急的睁眼一看，那有你半点影子？身旁一无所有，再低头一看，原来才发见我自己的右手不知道在甚么时候握住了我的左手，身上多了几朵落花，花瓣儿飘在我的颊边好似你来偷吻似的。真可笑！迷梦的幻影竟当了真！自己便不觉无味得狠，站起来，只好把花枝儿泄气，用力一拉，花瓣儿纷纷落地，打得我一身；林内的宿鸟以为起了狂风，一声叫就往四外里乱飞。一个美丽的宁静的月夜叫我一阵无味的恼怒给破坏了。我心里也再不要看眼前的美景，一边走一边想着你，为甚么不留下你，为甚么让你走。

第 [14] 篇 · 隐居

六月十四日

回来了不过三天，气倒又受了一肚子。你的信我都见着了，不要说你过的是甚么日子，我又何尝是过的人的日子？俩个人在两地受罪，为的是甚么？想起来真恼人，这次山中去了几天，更受着无限的伤感，在城里每天沉醉在游戏场中，戏园里，同跳舞场里，倒还能暂时忘记自己，随着歌声舞影去附和；这次在清静的山中让自然的情景一薰，反激起我心头的悲恨，更引动我念你的深切。我知道你也是一般的痛苦，我想信你一个人也是独乐不了，这何苦！摩！你还是回来吧。

事情看起来又要变化了，这几天他又走了，听说这次上海事情若是成功，就要将家搬去，我现在只是每天在祝祷着不要如了他们的愿，不知道天能可怜我们不？在山中我探了一探亲友们的口气，还好！她们大半都同情于我的，却叫我做事情不要顾前顾后，要做就做，前后一顾倒将胆子给吓小了，这话是不错的，不过别人只会说，要是犯到自己身上，也是一样的没有主意。现在我倒不想别的，只想躲开这城市。

这一番山中的生活更打动了我的心，摩！我想到万不得已时我们还是躲到山里去吧！我这次看见好几处美丽的庄园，都是化二三千块钱买一座杏花山，满都是杏花，每年结的杏子，卖到城里就可以度日，山脚下造几间平屋，竹篱柴门，再种下几样四季吃的素菜，每天在阳光里栽栽花种种草，再不然养几个鸟玩玩，这样的日子比做仙人都美。

这次我们坐着轿出去玩的时候，走过好几处这样的人家，有的还请我吃饭呢，他们也不完全是乡下人，虽然他们不肯告诉我们名姓，我们也看得出是那些隐居的人；若是将他们的背景一看，也难说不是跟我们一样的。我真羡慕他们，我眼看他们诚实的笑脸，同那些不欺人的言语，使我更感觉到自己的渺小。摩！我看世间纯洁的心，只有山中还有一两棵？

我知道局面又要有转变，但不知转出怎样的面目来。为了心神的不安定，我更是坐立不安，不知道做甚么才好，要想打电报去叫你回来，却又不敢，不叫又没有主意。摩！这日子真不如死去！我也曾同朋友们商量过，他们劝我要做就不可失去这个机会，不如痛痛快快的告诉了他们，求他们的同意，等他们不答应时，我们再想对付的办法；若是再低头跟他们走，那就再没有出头日子了。摩！这时候我真没有主意了，这个问题一天到晚的在我脑中转，也决不定一个办法。你又不在，一封信来回就要几十天；不要说几十天，就是几天都说不定出甚么变化呢！睡也睡不着；白天又要去应酬，所以精神觉得乏极，你看吧！大病快来了。

第 [15] 篇 · 愁云

六月十九日

这几日无日不是浸在愁云中，看情形是一天不对一天了，我们家里除了爸爸之外，其余都是喜气冲冲，尤其是娘，脸上都饰了金，成天的笑。

看起来我以后的日子是没有法子过的了，在这个圈子里是没有我的位置的，就是有也坐不住的。摩！你还不回来，我怕你没有机会再见我了，我的心脏都要裂了，我实在没有法子自己安慰自己，也没有勇气去同她们争言语的短长了。今天和他大闹了一回，回进房里倒在床上就哭，摩！我为甚么要受人的奚落！叫人家看着倒像我做了愧心事似的！这种日子我再也忍受不了了。

第 [16] 篇 · 大病

六月廿一日

好！这一下快一个月没有写了。昨天才回来的，摩，你一定也急死了，这许久没有接着我的信。自从同他闹过我就气病了，一件不如意，件件不如意，不然还许不至于病倒，实在是可气的事太多了，心里收藏不下便只好爆发。那天闹过的第三天又为了人家无缘无故的把意外的事情闹到我头上来，我当场就在饭店里病倒，晕迷得人事不知，也不知甚么时候他们把我抬了回来，等我张开眼，已经睡在自己床上了。我只觉得心跳得好像要跑出喉管，身体又热得好像浸在火里一般，眼前只看见许多人围在床边叫我不要急，已经去请医生了。到三点多钟B才将医生打仗似的从床上拉了起来，立刻就打了两针，吃了一点药。这个老外国克利医生本是最喜欢我的，见我病了他更是尽心的看；坐在床边拉着我的手数脉跳的数目，屋子里的人却是满面愁容连大气都不敢出，我看大家的样子，也明白我病的不轻。等了二十几分钟我心跳还不停，气更喘得透不过来，话也一句说不出，只看见W，B同医生轻轻的走出外边唧唧的细语，也不知道说些甚么。一忽儿W轻轻的走到床边在我耳旁细声的说，"要不要打电报叫摩回来？"我虽然神志有些昏迷，可是这句话我听得分外清楚的。我知道病一定是十分凶险，心里倒也慌起来了，"是不是我要死了？"他看我发急的样子，又怕我害怕，立刻和缓着脸笑迷迷的说"不是，病是不要紧，我怕你想他所以问你一声"。我心里虽是十二分愿意你立刻飞回我的身旁，可是懦弱的我又不敢直接的说出口来，只好含着一包热泪对他轻轻的摇了一摇头。

医生看我心跳不停也只好等到天亮将我送进医院，打血管针，照X光，用了种种法子才将我心跳止住。这一下就连着跳了一日一夜，跳得我睡在床上软得连手都抬不起来；到了第三天我才知道W已经瞒着我同你打了电报，不见你的回电，我还不知道呢！

自从接着你的电报我就急得要命，自己又没有力气写信，看你又急得那样子，又怕你不顾一切的跑了回来；只好求W给你去信将病情骗过，安了你的心再说。头几天我只是心里害怕，他们又不肯对我实说，我只怕就此见不着你，想叫你回来，一算日子又怕等你到，我病已经好了，反叫人笑话。到第四天，医生坐在床上同我说许多安慰的话，他说，你若是再胡思乱想不将心放开，心跳不能停，再接连的跳一日一夜就要没有命了；医生再有天大的能力也挽不回来了。天下的事全凭人力去谋的，你若先失却了性命，你就自己先失败。听了他这一遍话我才真正的丢开一切，甚么也不想；只是静静的休养，一个人住了一间狠清静的病房，白天有W同B等来陪我说笑，晚上睡得狠早，一个星期后才见往好里走。

在院里除了想你外，别的都狠好；这次病中多亏W同B的好意，你回来必须好好的谢谢他们呢！这时候我又回到自己家里。他是早就在我病的第二天动身赴沪了，官要紧，我的病是本来无所谓的。走了倒好，使我一心一意的静养，养总算过着二十天清闲日子，不过一个人静悄悄的睡在床上更是想你不完。

你的信虽然给我不少安慰，可也更加我的惆怅。现在出了院问题就来了，今天还是初次动笔，不能多写，明后天才说吧。

第 [17] 篇 · 躲避

六月二十六日

今天又接着你的电报！真是要命的！我知道你从此不会安心的了，其实你也不必多忧，我已经好多了，回家后只跳了五天，时间并不常，不久一定要复原的。真急死我了，路又远，信的来回又日子长；打电报又贵，你叫我怎样安慰你呢？看着你干着急我心里也是难过，想要叫你回来又怕人笑，虽然半年的期限已经过了一半，以后的三个月恐怕更要比以前的难过。目前我是一切都拿病来推，娘那里也不敢多去，更不敢多讲，见面只是说我身体上种种的病，所以她们还没有开口叫我南去呢，这暂时的躲避是没有用的；我自己也狠平白，不过想来想去也想不出个良善的法子来对付，真是过了一天算一天，你我的前程真不知是怎样一个了局呢？

第 [18] 篇 · **幻影**

六月二十八日

因为没有力气所以耽在床上看完一本 *The Pained Veil*，看得我心酸到万分；虽然我知道我也许不会像书里的女人那样惨的。书中的主角是为了爱，从千辛万苦中奋斗，才达到了目的；可是欢聚了没有多少日子男的就死了，留下她孤单单的跟着老父苦度残年。摩！你想人间真有那样残忍的事么？我不知道为甚么要为故人担忧，平空哭了半天，哭得我至今心里还是一阵阵的隐隐作痛呢！想起你更叫我发抖，但愿不幸的事不要寻到我们头上来。只可恨将来的将来，不能让我预先知道，你我若是有不幸的事临头，还不如现在大家一死了事的好。

我正在伤心的时候又接到你三封信，看了使我哭笑不能，摩，我知道你是没有一分钟不在那儿需要我，我也知道你随时随地的在那儿叫着我的名字，爱！你知道我的身体虽然远在此地，我的灵魂还不是成天环绕在你的身旁；你一举一动我虽不能亲眼看见，可是我的内心甚么都感觉得到的。

今天在外边吃饭！同桌的人无意（也许是有意）说了一句话，使我好像一下从十八层楼上跌了下来。原来他有一个朋友新从巴黎回来，看见你成天在那里跳舞，并且还有一个胖女人同住。不管是真是假，在我听得的时候怎能不吃惊！况且在座的朋友们，都是知道你我交情狠深，说着话的时候当然都对我发笑，好像笑我为甚么不识人！那时我虽然装着快乐的样子，混在里面有说有笑，其实我心里的痛苦真好比刀刺还厉害；恨不能立刻飞去看看真假。虽然我敢相信你不会那样做，不过人家也是亲眼看见的，这种话岂能随便乱说呢？这一下真叫我冷了半截，我还希望甚么？我还等甚么？我还有甚么出头的日子？你看你写的那一封封的信，不是满含至诚的爱？那一封不是千斛的想思？那一字，那一语不感动得我热泪直流，百般的愧恨？现在我才明白一切都是幻影，一切都是假的，咳我不要说了，我我不忍说了，我心已碎，万事完了，完了，一切完了。

第 [19] 篇 · **告别**

七月十六日

为了一时的气愤平空丢了好些日子，也无心于此了。其实今天回过来一想，你一定不会如此的；虽然心里恨你，可是没有用，照样日夜的想你。前天实在忍受不住了，打了一个电报叫你回来，发出了电报又后悔，反正心里左也不是右也不是，白日虽跟着他们游玩，一到夜静，甚么都又回到脑子里来了。

今天我的动笔是与你告别了，摩！你知道事情出了大变化——这变化本来是在我预料中的，我也早知道要这样结果的，我自问我的力量是太薄弱，没有勇气，所以只好希望你回来帮助我，或许能挽回一切。你知道，前天我还没有起床就叫家里来的人拉了回去；进门就看见一家人团团围坐在一个屋子里，好像议论甚么国家大事似的；有的还正拿着一封信来回的看，有的聚在一起细声的谈论。看了这样严重的情形，倒吓我一跳，以为又是你来了甚么信，使得他们大家纷纷议论呢。见我进去，娘就在母舅手里抢过信来掷在我身上一边还说，"你自己去看吧！倒是怎么办？快决定！"我拿起来一看才知道是他来的信。一封爱的美敦书，下令叫娘即刻送我到南方去，这次再不肯去就永远不要我去了。口吻非常严厉，好像长官给下属的命令一般，好大的口气。我一边看一边心里打算怎样对付；虽然我四面都像是满怖着埋伏，不容我有丝毫的反响，可是我心里始终不愿意就此屈服，所以我看完了信便冷冷的说"我道甚么大事！原来是这一点小事！这有甚么为难之处呢？我愿意去就去，我不愿去难道能抢我去么？"娘听了这话立刻变了脸说"那有这样容易？嫁鸡随鸡嫁狗随狗，这是古话；不去算甚么？"我那时也无心同她们争论，我只是心里算着你回来的日子，要是你接着电报就走，再有廿天也可以到了，无论如何这几天的功夫总可以设法迟延的，只是眼前先要拖得下才成。所以当时我决定不闹，老是敷衍他们，谁知她们更比我聪明，我心里的意思他们好似看得见一般，简直得连这一点都不允许你；非逼着我答应在这一个星期中动身不可，这一来可真恼恨了我，连气带急，将我的老毛病给请了回来。当时心跳得就晕了过去，到灵魂儿转回来时，一屋子的人都已静悄悄的不敢再争着讲话了。我回到家中，甚么都不想要了，我觉得眼前一切都完了，希望也没有了，我这里又是处于这种环境之下，你那里，要是别人带来的消息是真的话，我不是更没有所望了么？看起来我是一定要叫她们逼走的，也许连最后的一面都要见不着你，我还求甚么？不过我明天还要去同她们做一个最后的争论，就是要我走，也非容我见着你永诀了再走不可。咳，摩，这时候你能飞来多好！你叫我一个人怎办？说又没有地方去说，只有W还能相商，不过他又是主张决裂的，强霸的。我又有点不敢。天呀！你难道不能给我一点办法么？我难道连这点幸福都不能享得么？

第 [20] 篇 · 永诀

七月十七日

昨晚苦思一宵，今晨决定去争闹，无论甚么来都不怕，非达到目的不可，谁知道结果还是一样，现在又只剩我一个人大败而回。这一回是真绝望定了，我的力量也穷了。

我走去的时候是勇气百倍，预备拿性命来拼的，所以进内就对他们说，要是他们一定要逼我去的话，我立刻就死，反正去也是死，不过也许可以慢点；那何不痛快点现在就死了呢？这话她们听了一点也不怕，也不屈服，她们反说"好的，要死大家一同死！"好，这一下倒使我无以下台。真死，更没有见你的机会，不死就要受罪，不过我心里是痛苦到万分，既然讲不明白我就站起来想走了。她们见我真下了决心倒又叫了我回去；改用软的法子来骗我，种种的解说，结果是二老对我双泪俱流的苦苦哀求。咳！可怜的她们！在她们眼光下离婚是家庭中最羞惭的事，儿女做了这种事，父母就没有脸见人了，母亲说只要我允许再给他一个机会，要是这次前去他再待我不好，再无理取闹，自有她们出面与我离，决不食言，不过这次无论如何再听她们一次。直说得太阳落了山，眼泪湿了几条手帕，我才真叫她们给软化了。父母倒底是生养我的，又是上了年纪；生了我这样的女儿已经不能随他们心，不能顺他们的志愿，岂能再害他们为我而死呢？所以我细细的一想，还是牺牲了自己吧！我们反正年青，只要你我始终相爱，不怕将来没有机会。只是太苦了，话是容易讲的，只怕实行起来不知要痛苦到如何程度呢？我又是一身的病，有希望的日子也许还能多活几年，要是像现在的岁月，只怕过不了几个月就要萎颓下来了。

摩！我今天与你永诀了，我开始写这本日记的时候本预备从暗室走到光明，忧愁里变出欢乐，一直的往前走，永远的写下去，将来若是到了你我的天下时，我们还可以合写你我的快乐，到头发白了拿出来看，当故事讲，多美满的理想！现在完了，一切全完了，我的前程又叫乌云盖住了，黑暗暗的又不见一点星光。

摩！惟一的希望是盼你能在二星期中飞到，你我作一个最后的永诀。以前的一切，一个短时间的快乐，只好算是一场春梦，一个幻影，没有留下一点痕迹，可以使人们纪念的，只能闭着眼想想，就是我唯一的安慰了。从此我不知道要变成甚么呢？也许我自己暗杀了自己的灵魂，让躯体随着环境去转，甚么来都可以忍受，也许到不得已时我就丢开一切，一个人跑入深山，甚么都不要看见，也不要想，同没有灵性的树木山石去为伍，跟不会说话的鸟兽去做伴侣，忘却我自己是一个人，忘却世间有人生，忘却一切的一切。

摩！我的爱！到今天我还说甚么？我现在反觉得是天害了我，为甚么天公造出了你又造出了我？为甚么又使我们认识而不能使我们结合？为甚么你平白的来踏进我的生命圈里？为甚么你提醒了我？为甚么你来教会了我爱！爱，这个字本来是我不认识的，我是模糊的，我不知道爱也不知道苦，现在爱也明白了，苦也尝够了；再回到模糊的路上去倒是不可能了，你叫我怎办？

我这时候的心真是碎得一片片的往下落呢！落一片痛一阵，痛得我连笔都快拿不住了，我好怨！我怨命，我不怨别人。自从有了知觉我没有得到过片刻的快乐，这几年来一直是忧忧闷闷的过日子，只有自从你我相识后，你教会了我甚么叫爱情，从那爱里我才享受了片刻的快乐——一种又甜又酸的味儿，说不出的安慰！可惜现在连那片刻的幸福都也没福再享受了。好了，一切不谈了，我今后也不再写甚么日记，也不再提笔了。

现在还有一线的希望！就是盼你回来再见一面，我要拿我几个月来所藏着的话全盘的倒了出来，再加一颗满含着爱的鲜红的心，送给你让你安排，我只要一个没有灵魂的身体让环境去践踏，让命运去支配。

你我的一段情缘，只好到此为止了，此后我的行止你也不要问，也不要打听，你只要记住那随着别人走的是一个没有灵魂的人。我的灵魂还是跟着你的，你也不要灰心，不要骂我无情，你只来回的拿我的处境想一想，你就一定会同情我的，你也一定可以想像我现在心头的苦也许更比你重三分呢！

要是我们来不及见面的话，苦也不要怨我，不是我忍心走，也不是我要走，我只是已经将身体许给了父母！我一切都牺牲了，我留给你的是这本破书，虽然写得不像话，可是字字是从我热血里滚出来的，句句是从心底里转了几转才流出来的，尤其是最后这两天！那一字，那一句不是用热泪写的？几次的写得我连字都看不清，连笔都拿不动，只是伏在桌上喘。我心里的痛也不用多说，我也不愿意多说，我一直是个硬汉，甚么来都不怕，我平时最不爱哭，最恨流泪，可是现在一切都忍受不住了。

摩，我要停笔了，我不能再写下去了；虽然我恨不得永远的写下去，因为我一拿笔就好像有你在边儿上似的，永远的写就好像永远与你相近一般，可是现在连这惟一的安慰都要离开我了。此后"安慰"二字是永远不再会跑上我的身了，我只有极力的加速往前跑；走最近的路——最快的路——往老家走吧，我觉得一个人要毁灭自己是极容易办得到的。我本来早存此念的：一直到见着你才放弃。现在又回到从前一般的境地去了。

此后我希望你不要再留恋于我，你是一个有希望的人，你的前途比我光明得多，快不要因我而毁坏你的前途，我是没有甚么可惜的，像我这样的人，世间不知要多少，你快不要伤心，我走了，暂时与你告别，只要有缘也许将来会有重见天日的一天，只是现在我是无力问闻。我只能忍痛的走——走到天涯地角去了，不过——你不要难受，只要记住，走的不是我，我还是日夜的在你心边呢！我只走一个人，一颗热腾腾的心还留在此地等——等着你回来将它带去呢！

《第肆章》 眉轩琐语

一九二六年八月——一九二七年四月

北京——上海——杭州

香山去只增添，加深我的懊丧与惆怅，眉眉，没有一分钟过去不带着想你的痴情。眉，

上山，听泉，折花，眺远，看星，独步，嗅草，捕虫，寻梦——哪一处没有你，眉，哪一

处不惦着你，眉，哪一个心跳不是为着你，眉！

眉轩是徐志摩陆小曼婚后的起居室，终成眷属的两人婚后生活一度很幸福。徐志摩曾说，

拥有了陆小曼和她的爱，是他从苦恼的人生中挣出了头，比做一品官，发百万财，乃至身

后上天堂，都来得宝贵。这部分文字纪录了他们婚后生活的喜怒哀乐。

第 [1] 篇 · **蜜月**

八月

去年的八月：在苦闷的齿牙间过日子；一整本呕心血的日记，是我给眉的一种礼物，时光改变了一切，却不曾抹煞那一点子心血的痕迹，到今天回看时，我心上还有些怔怔的。日记是我这辈子——我不知叫它什么好；每回我心上觉着晃动，口上觉着苦涩，我就想起它。现在情景不同，不仅脸上笑容多，心花也常常开着的。我们平常太容易诉愁诉苦了，难得快活时，倒反不留痕迹。我正因为珍视我这几世修来的幸运，从苦恼的人生中挣出了头，比做一品官，发百万财，乃至身后上天堂，都来得宝贵，我如何能噤默。人说诗文穷而后工，眉也说我快活了做不出东西，我却老大的不信，我要做个样儿给他们看看——快活人也尽有有出息的。

顷翻看宗孟①遗墨，如此灵秀，竟遭横折，忆去年八月间（夏历六月十七日）宗孟来，挈眉与我同游南海，风光谈笑，宛在目前，而今不可复得，怅惘何可胜言。

去年今日自香山归，心境殊不平安，记如下："香山去只增添、加深我的懊丧与惆怅，眉眉，没有一分钟过去不带着想你的痴情。眉，上山，听泉，折花，眺远，看星，独步，嗅草，捕虫，寻梦——哪一处没有你，眉，哪一处不惦着你，眉，哪一个心跳不是为着你，眉！"

另一段："这时候各人有各人的看法……有绝对怀疑的，有相对怀疑的；有部分同情的，有完全同情的（那很少，除是老金）；有妒忌的，有阴谋破坏的（那最危险）；有肯积极助成的，有愿消极帮忙的……都有，但是，眉眉听着，一切都跟着你我自身走；只要你我有志气，有意志，有勇敢，加在一个真的情爱上，什么事不成功，真的！"这一年来高山深谷，深谷高山，好容易走上了平阳大道，但君子居安不忘危，我们的前路，难保不再有阻碍，这辈子日子长着哩。但是去年今天的话依旧合用："只要你我有意志，有志向，有勇敢，加在一个真的情爱上，什么事不成功，真的。"

这本日记，即使每天写，也怕至少得三个月才写得满，这是说我们的蜜月也包括在内了。但我们为什么一定得随俗说蜜月？爱人们的生活哪一天不是带蜜性的，虽则这并不除外苦性？彼此的真相知，真了解，是蜜性生活的条件与秘密，再没有别的了。

---

①林长民（1876～1925），字宗孟，林徽因之父，也是徐志摩的好友。

第 [2] 篇 · 前途

九月十日

国民饭店三十七号房：眉去息游别墅了，仲述一忽儿就来。方才念着莎士比亚Like as the waves make toward the pebbled shore①那首叹光阴的"桑内德"②尤其是末尾那两行③，使我憬然有所动于中，姑且翻开这册久经疏忽的日记来，给收上点儿糟粕的糟粕吧。小德小惠，不论多么小，只要是德是惠，总是有着落的；华次华斯④所谓Little Kindnesses⑤别轻视它们，它们各自都替你分担着一部分，不论多微细，人生压迫性的重量。"我替你拿一点吧，你那儿太沉了"；他即使在事实上并没有替你分劳，（不是他不，也不是你不让：就为这劳是不能分的。）他说这话就够你感激。

昨天离北京，感想比往常的迥绝不同。身边从此有了一个人——究竟是一件大事情，一个大分别；向车外望望，一群带笑容往上仰的可爱的朋友们的脸盘，回身看看，挨着你坐着的是你这一辈子的成绩，归宿。这该你得意，也该你出眼泪，——前途是自由吧？为什么不？

---

①像波浪冲击石滩。②十四行诗。③大意是：但我的诗篇要长远流传，赞美你的优秀，不怕他的毒手。④通译为华兹华斯（1770～1850），英国诗人。⑤些许的慈惠。

第 [3] 篇 · **养身**

九月十九日

今天是观音生日，也是我眉儿的生日，回头家里几个人小叙，吃斋吃面。眉因昨夜车险吃啼，今朝还有些怔怔的，现在正睡着，歇忽儿也该好了。昨晚菱清说的话要是对，那眉儿你且有得，不舒泰哪。

这年头大澈大悟是不会有的，能有的是平旦之气发动的时候的一点子"内不得于己"。德生看相后又有所憬惕于中，在戏院中就发议论，一夜也没有睡好。清早起来就写信给他忘年老友霍尔姆士，他那诚挚激奋的态度，着实使我感动。"我喜欢德生，"老金说，"因为他里面有火。"霍尔姆士一次信上也这么说来。

德生说我们现在都在堕落中，这样的朋友只能叫做酒肉交，彼此一无灵感，一无新生机，还谈什么"作为"，什么事业。

蜜月已经过去，此后是做人家的日子了。回家去没有别的希冀，除了清闲，译书来还债是第一件事，此外就想做到一个养字。在上养父母（精神的，不是物质的），与眉养我们的爱，自己养我的身与心。

首次在沪杭道上看见黄熟的稻田与错落的村舍在一碧无际的天空下静着，不由的思想上感着一种解放：何妨赤了足，做个乡下人去，我自己想。但这暂时是做不到的，将来也许真有"退隐"的那一天。现在重要的事情是：前面说过的养字，对人对己的尽职，我身体也不见佳，像这样下去决没有余力可以做事，我着实有了觉悟，此去乡下，我想找点儿事做。我家后面那园，现在糟得不堪，我想去收拾它，好在有老高与家麟①帮忙，每天花它至少两个钟头，不是自己动手就督饬他们弄干净那块地，爱种什么就种什么，明年春天可以看自己手种的花，明年秋天也许可以吃到自己手植的果，那不有意思？至于我的译书工作我也不奢望，每天只想出产三千字左右，只要有恒，三两月下来一定很可观的。三千字可也不容易，至少也得花上五六个钟头，这样下来已经连念书的时候都叫侵了。

---

① 徐志摩老家的雇工。

第 [4] 篇 · 我想

十二月二十七日

　　我想在冬至节独自到一个偏僻的教堂里去听几折圣诞的和歌，但我却穿上了臃肿的袍服上舞台去串演不自在的"腐"戏。我想在霜浓月淡的冬夜独自写几行从性灵暖处来的诗句，但我却跟着人们到涂蜡的跳舞厅去艳羡仕女们发金光的鞋袜。

第 [5] 篇 · 希望

十二月二十八日

投资到"美的理想"上去，它的利息是性灵的光彩，爱是建设在相互的忍耐与牺牲上面的。

送曼年礼——《曼殊斐儿①的日记》，上面写着"一本纯粹性灵所产生，亦是为纯粹性灵而产生的书。"——一九二七：一个年头你我都着急要它早些完。

读高尔士华绥的《西班牙的古堡》。

麦雷②的Adelphi月刊已由九月起改成季刊。他的还是不懈的精神，我怎不愧愤？

再过三天是新年，生活有更新的希望不？

①通译为曼斯菲尔德（1888～1923），英国女作家。②麦雷，英国作家，跟曼斯菲尔德同居。

第[6]篇·**愁闷**

一九二七年一月一日

愿新的希望，跟着新的年产生，愿旧的烦闷跟着旧的年死去。

《新月》①决定办，曼的身体最叫我愁。一天二十四时，她没有小半天完全舒服，我没有小半天完全定心。

给我勇气，给我力量，天！

---

① 《新月》月刊，1928年3月创刊，1933年6月终刊，共出4卷7期。新月社主办。

第 [7] 篇 · 新年

一月六日

小病三日，拔牙一根，吃药三煎。睡昏昏不计钟点，亦不问昼夜。乍起怕冷贪懒，东偎西靠，被小曼逼下楼来，穿大皮袍，戴德生有耳大毛帽，一手托腮，勉强提笔，笔重千钧，新年如此，亦苦矣哉。

适之今天又说这年是个大转机的机会。为什么？

各地停止民众运动，我说政府要请你出山，他说谁说的，果然的话，我得想法不让他们发表。

轻易希冀轻易失望同是浅薄。

费了半个钟头才洗净了一支笔。

男子只有一件事不知厌倦的。

女人心眼儿多，心眼儿小，男人听不惯她们的说话。

对不对像是分一个糖塔饼，永远分不净匀。

爱的出发点不定是身体，但爱到了身体就到了顶点。厌恶的出发点，也不一定是身体，但厌恶到了身体也就到了顶点。

梅勒狄斯写*Egoist*[①]，但这五十年内，该有一个女性的 Sir Willoughby[②]出现。

最容易化最难化的是一样东西——女人的心。

朋友走进你屋子东张西望时，他不是诚意来看你的。

怀疑你的一到就说事情忙赶快得走的朋友。

老傅来说我下回再有诗集他替作序。

过去的日子只当得一堆灰，烧透的灰，字迹都见不出一个。

我唯一的引诱是佛，它比我大得多，我怕它。

今年我要出一本文集一本诗集一本小说两篇戏剧。

正月初七称重一百卅六磅（连长毛皮袍），曼重九十。

昨夜大雪，瑞午家初次生火。

顷立窗间，看邻家园地雪意。转瞬间忆起贝加尔湖雄踞群峰。小瑞士岩稿梨梦湖上的少女和苏格兰的雾态。

---

①《利己主义者》。②《利己主义者》中的主人公威勒比爵士。

第 [8] 篇 · 沉闷

二月八日

闷极了，喝了三杯白兰地。昨翻哈代的对句，现在想译他的《瞎了眼的马》，老头难得让他的思想往光亮处转，如在这首诗里。

天是在沉闷中过的，到那儿都觉得无聊，冷。

第 [9] 篇 · 硖石

三月十七日

清明日早车回硖石，下午去蒋姑母家。次晨早四时复去送除帏。十时与曼坐小船下乡去沈家浜[①]扫墓，采桃枝，摘薰花菜，与乡下姑子拉杂谈话。阳光满地，和风满裾，致至乐也。下午三时回硖，与曼步行至老屋，破乱不堪，甚生异感。淼侄颇秀，此子长成，或可继一脉书香也。

次日早车去杭，寓清华湖。午后到即与瑞午[②]步游孤山。偶步山后，发见一水潭浮红涨绿，俨然织锦，阳光自林隙来，附丽其上，益增娟媚。与曼去三潭印月，走九曲桥，吃藕粉。

①徐志摩老家坟地所在。在硖石镇伊桥乡。②即翁瑞午。

第 [10] 篇 · 西湖

三月十八日

次日游北山。西泠新塔殊陋。玉泉鱼似不及从前肥。曼告奋勇，自灵隐捷步上山，达韬光，直登观潮亭，撷一茶花而归。冷泉亭大吃辣酱豆腐干，有挂香袋老婆子三人，即飞来峰下揭裙而私，殊亵。

与瑞议月下游湖，登峰看日出。不及四时即起。约仲龄父子同下湖而月已隐。云暗木黑，凉露沾襟，则扣舷杂唱；未达峰，东方已露晓，雨亦浮浮下。瑞欲缩归，扶之赴峰，直登初阳台，瑞色苍气促，即石条卷卧如猬，因与仲龄父子捷足攀上将军岭，望宝傲南山北山，皆奥昧入云，不可辨识。骤雨欲来，俛视则双堤画水，树影可鉴，阮墩①尤珠围翠绕，潋滟湖心，虽不见初墩，亦足豪已。既吐纳清高，急雨已来，遥见黄狗四条，施施然自东而西，步武井然，似亦取途初阳自矜逸兴者，可噱也。因雨猛，趋山半亭小憩看雨，带来白玫瑰一瓶，无杯器，则即擎瓶直倒，引吭而歌，殊乐。忽举头见亭颜悬两联，有"雨后山光分外清"句，共讶其巧合。继拂碑看字，则为瑞午尊人手笔，益喜，因摹几字携归，亦一纪念。

下山在新新②早餐，回寓才八时。十时过养默来，而雨注不停，曼颇不馁，即命舆出游。先吊雷峰遗迹，冒雨跻其颠而赏景焉。继至白云庵拜月老求签。翁家山石屋小坐，即上烟霞，素餐至佳，饭毕已三时。天时冥晦，雨亦弗住，顾游兴至感勃勃，翻岭下龙井，时风来骤急，揭瑞舆顶，伕子几仆。龙井已十年不到，泉清林旺，福地也。自此转入九溪，如入仙境，翠岭成屏，茶丛嫩芽初吐，鸣禽相应，婉转可听。尤可爱者则满山杜鹃花，鲜红照眼，如火如荼，曼不禁狂喜，急呼采采。迈步上坡，踬亦弗顾，卒集得一大束，插戴满头。抵理安天已阴黑，楠林深郁，高插云天，到此吐纳自清，胸襟解豁。有身长眉秀之僧人自林里走出，殷勤招客入寺吃茶，以天晚辞去。寺前新矗一董太夫人经塔，奇丑，最煞风景，此董太夫人该入地狱。回寓已七时半。

适之游庐山三日，作日记数万言，这一个"勤"字亦自不易。他说看了江西内地，得一感想，女性的丑简直不是个人样，尤其是金莲三寸，男性造孽，真是无从说起，此后须有一大改变才有新机：要从一把女性当牛马的文化转成一男性自愿为女性作牛马的文化。适之说男人应尽力赚出钱来为女人打扮，我说这话太革命性了。邹恩润都怕有些不敢刊入名言录了！

有天鹅绒悲哀的疑古玄同③，有时确是疯得有趣。

①即阮公墩，西湖著名的三岛之一。②西湖窑坟附近的新新饭店。③即钱玄同。

第 [11] 篇 · 插花

四月十四日

下午去龙华看桃花，到塔前为止，看不到半树桃花，废然返车。（桃花在新龙华。）入半淞园撮景，风沙涂面，半不像人。

母亲今晚到，寓范园①。

琬子常嚷头疼，昨去看医，说先天带来的病，不即治且不治。淑筠今日又带去中医处，话说更凶，孩子们是不可太聪慧了。

曼说她妹子慧绝美绝，她自己只是个痴孩子。（曼昨晚又发跳病痒病②，口说大脸的四金刚来也！真是孩子！）

案上插了一枝花便不寂寞。最宜人是月移花影上窗纱。

---

①张幼仪在上海的住宅。②晕厥症。

第 [12] 篇 · 残春

四月二十日

是春倦吗，这几天就没有全醒过，总是睡昏昏的。早上先不能醒，夜间还不曾动手做事，瞌睡就来了。脑筋里几于完全没有活动，该做的事不做，也不放在心上，不着急，逛了一次西湖反而逛呆了似的。想做诗吧，别说诗句，诗意都还没有影儿，想写一篇短文吧，一样的难，差些日记都不会写了。昨晚写信只觉得一种懒惰在我的筋骨里，使得我在说话上只选抵抗力最小的道儿走。字是不经挑择的，句是没有法则的，更说不上章法什么，回想先前的行札是怎么写的，这回真有些感到更不如从前了。

难道一个诗人就配颠倒在苦恼中，一天逸豫了就不成吗？而况像我的生活何尝说得到逸豫？只是一样，绝对的苦与恼确是没有了的，现在我一不是攀登高山，二不是疾驰峻坂，我只是在平坦的道上安步徐行，这是我感到闭塞的一个原因。

天目的杜鹃已经半萎，昨寄三朵给双佳康。

我的墨池中有落红点点。

译哈代①八十六岁自述一首，小曼说还不差，这一夸我灵机就动，又做得了一首。

残春

昨天我瓶子里斜插着的桃花，

是朵朵媚笑在美人的腮边挂；

今儿它们全低了头，全变了相——

红的白的尸体倒悬在青条上。

窗外的风雨报告残春的运命，

表钟似的音响在黑夜里丁宁：

"你生命的瓶子里的鲜花也变了样，

艳丽的尸体，等你去收殓！"

①哈代（1840～1928），英国诗人，小说家。

附录

❶陆小曼致徐志摩信手迹选

第一封

第二封

7773

我麼？可是我近来自己求好，怕不知自己，境况如
先前这样，有时我竟觉着我心深的小屋一株
时刻无论昨日今朝没有希望，小树每天渐渐的
过去，精气力渐渐削减就困，我总是的绿于
又慢，即回来了，我自己的学些断断的辑起来了，
他人所见的我，也是我本来的我了。摩听一
我本来的我玛伯此有他矶能保到一辛受

第三封

那虑报馆我已去书如其不还尚尚可切切的地方恰恰他多少

少事（三十九）读他日读夜劲以成其志不知此事如何办

呂清之进行早晚由方为妥

晚吾去回家倘尔收拾差眈飞禽鸟皆皆如乐皆好 此事人

会朋友多玩吃饭多 带去梦健立海屋子前又又欧地之又

不说人又又气反不正方何可留梦眈！素专请便吧

溜地平笔出阳雅止 大康何万 此书

昌安

呂之五

❷哭 摩①

　　我深信世界上怕没有可以描写得出我现在心中如何悲痛的一支笔，不要说我自己这支轻易也不能动的一支。可是除此我更无可以泄我满怀伤怨的心的机会了，我希望摩的灵魂也来帮我一帮，苍天给我这一霹雳直打得我满身麻木得连哭都哭不出，浑身只是一阵阵的麻木。几日的昏沉直到今天才醒过来，知道你是真的与我永别了。摩！慢说是你，就怕是苍天也不能知道我现在心中是如何的疼痛，如何的悲伤！从前听人说起"心痛"我老笑他们虚伪，我想人的心怎会觉得痛，这不过说说好听而已，谁知道我今天才真的尝着这一阵阵心中绞痛似的味儿了。你知道么？曾记得当初我只要稍有不适即有你声声在旁慰问，咳，如今我即使是痛死也再没有你来低声下气的慰问了。摩，你是不是真的忍心永远的抛弃我了么？你从前不是说你我最后的呼吸也须要连在一起才不负你我相爱之情么？你为甚么不早些告诉我是要飞去呢？直到如今我还是不信你真的是飞了，我还是在这儿天天盼着你回来陪我呢，你快点将未了的事情办一下，来同我一同去到云外去优游去罢，你不要一个人在外逍遥，忘记了闺中还有我等着呢！

这不是做梦么？生龙活虎似的你倒先我而去，留着一个病恹恹的我单独与这满是荆棘的前途来奋斗。志摩，这不是太惨了么？我还留恋些甚么？可是回头看看我那苍苍白发的老娘，我不由一阵阵只是心酸，也不敢再羡你的清闲爱你的优游了，我再哪有这勇气，去看她这个垂死的人而与你双双飞进这云天里去围绕着灿烂的明星跳跃，忘却人间有忧愁有痛苦像只没有牵挂的梅花鸟。这类的清福怕我还没有缘去享受！

我知道我在尘世间的罪还未满，尚有许多的痛苦与罪孽还等着我去忍受呢。我现在惟一的希望是你倘能在个深沉的黑夜里，静静凄凄地放轻了脚步走到我的枕边给我些无声的私语让我在梦魂中知道你！我的大大是回家来探望你那忘不了你的爱来了，那时间，我决不张惶！你不要慌，没人会来惊扰我们的。多少你总得让我再见一见你那可爱的脸我才有勇气往下过这寂寞的岁月。你来罢，摩！我在等着你呢。

事到如今我一点也不怨，怨谁好？恨谁好？你我五年的相聚只是幻影，不怪你忍心去，只怪我无福留，我是太薄命了，十年来受尽千般的精神痛苦，万样的心灵摧残，直将我这颗心打得破碎得不可收拾，今天才真变了死灰的了，也再不会发出怎样的光彩了。好在人生的刺激与柔情我也曾尝味，我也曾容忍过了。现在又受到了人生最可怕的死别。不死也不免是朵憔悴的花瓣再见不着阳光晒也不见甘露漫了。从此我再不能知道世间有我的笑声了。

经过了许多的波折与艰难才达到了结合的日子，你我那时快乐直忘记了天有多高地有多厚，也忘记了世界上有忧愁二字，快活的日子过得与飞一般的快，谁知道不久我们又走进忧城。病魔不断地来缠着我。它带着一切的烦恼，许多的痛苦，那时间我身体上受到了不可言语的沉痛，你精神上也无端的沉入忧闷。我知道你见我病身呻吟，转侧床第，你心坎里有说不出的怜惜，满肠中有无限的伤感。你曾慰我，我却无从使你再有安逸的日子。摩，你为我荒废了你的诗意，失却了你的文兴，受着一般人的笑骂，我也只是在旁默然自恨，再没有法子使你像从前的欢笑。谁知你不顾一切的还是成天的安慰我，叫我不要因为生些病就看得前途只是黑暗，有你永远在我身边不要再怕一切无谓的闲论。我就听着你静心平气的养，只盼着天可怜我们几年的奋斗，给我们一个安逸的将来。谁知道如今一切都是幻影，我们的梦再也不能实现了，早知有今日何必当初你用尽心血地将我抚养呢？让我前年病死了，不是痛快得多么？你常说天无绝人之路，守着好了，哪知天竟绝人如此，那里还有我平坦走着的道儿？这不是命么？还说甚么？摩，不是我到今天还在怨你，你爱我，你不该轻身，我为你坐飞机吵闹不知几次，你还是忘了我的一切的叮咛，瞒着我独自地飞上天去了。

　　完了，完了，从此我再也听不到你那叽咕小语了，我心里的悲痛你知道么？我的破碎的心留着等你来补呢，你知道么？唉，你的灵魂也有时归来见我么？那天晚上我在朦胧中见着你往我身边跑，只是那一霎眼的就不见了，等我跳着、叫着你，也再不见一些模糊的影子了。咳，你叫我从此怎样度此孤单的日月呢？真是叫天天不应，叫地地不响，苍天如何给我这样惨酷的刑罚呢！从此我再不信有天道，有人心，我恨这世界，我恨天，恨地，我一切都恨。我恨他们为甚么抢了我的你去，生生的将我们两颗碰在一起的心离了开去，从此叫我无处去摸我那一半热血未干的心。你看，我这一半还是不断地流着鲜红的血，流得满身只成了个血人。这伤痕除了那一半的心血来补，还有甚么法子不叫她不滴滴的直流呢？痛死了有谁知道？终有一天流完了血自己就枯萎了。若是有时候你清风一阵的吹回来见着我成天为你滴血的一颗心，不知道又要如何的怜惜如何的张惶呢。我知道你又看着两个小猫似眼珠儿乱叫乱叫着。我希望你叫高声些，让我好听得见，你知道我现在只是一阵阵糊涂，有时人家大声地叫着我，我还是东张西望不知声音是何处来的呢。大大，若是我正在接近着梦边，你也不要怕扰了我的梦魂像平常似的不敢惊动我，你知道我再不会骂你了，就是你扰我不睡，我也不敢再怨了，因为我只要再能得到你一次的扰，我就可以责问他们因何骗我说你不再回来，让他们看着我的摩还是丢不了我，乖乖的又回来陪伴着我了，这一回我可一定紧紧的搂抱你再不能叫你飞出我的怀抱了。天呀！可怜我，再让你回来一次吧！我没有得罪你，为甚么罚我呢？摩！我这儿叫你呢，我喉咙里叫得直要冒血了，你难道还没有听见么？直叫到铁树开花，枯木发声我还是忍心等着，你一天不回来，我一天的叫，等着我哪天没有了气我才甘心地丢开这惟一的希望。

你这一走不单是碎了我的心，也收了不少朋友伤感的痛泪。这一下真使人们感觉到人世的可怕，世道的险恶，没有多少日子竟会将一个最纯白最天真不可多见的人收了去，与人世永诀。在你也许到了天堂，在那儿还一样过你的欢乐的日子，可是你将我从此就断送了。你以前不是说要我清风似的常在你的左右么？好，现在倒是你先化着一阵清风飞去天边了，我盼你有时也吹回来帮着我做些未了的事情，只要你有耐心的话，最好是等着我将人世的事办完了同着你一同化风飞去，让朋友们永远只听见我们的风声而不见我们的人影，在黑暗里我们好永远逍遥自在的飞舞。

我真不明白你我在佛经上是怎样一种因果，既有缘相聚又因何中途分散，难道说这也有一定的定数么？记得我在北平的时候，那时还没有认识你，我是成天的过着那忍泪假笑的生活。我对人老含着一片至诚纯白的心而结果反遭不少人的讥诮，竟可以说没有一个人能明白我，能看透我的。一个人遭着不可言语的痛苦，当然地不由生出厌世之心，所以我一天天地只是藏起了我的真实的心而拿一个虚伪的心来对付这混浊的社会，也不再希望有人来能真真的认识我明白我，甘心愿意从此自相摧残的快快了此残生，谁知道就在那时会遇见了你，真如同在黑暗里见着了一线光明，遂死的人又兑了一口气，生命从此转了一个方向。摩摩，你的明白我，真算是透彻极了，你好像是成天钻在我的心房里似的，直到现在还只是你一个人是真还懂得我的。我记得我每遭人辱骂的时候你老是百般的安慰我，使我不得不对你生出一种不可言喻的感觉。我老说，有你，我还怕谁骂；你也常说，只要我明白你，你的人是我一个人的，你又为甚么要去顾虑别人的批评呢？所以我哪怕成天受着病魔的缠绕也再不敢有所怨恨的了。我只是对你满心的歉意，因为我们理想中的生活全被我的病魔来打破，连累着你成天也过那愁闷的日子。可是两年来我从来未见你有一些怨恨，也不见你因此对我稍有冷淡之意。也难怪文伯要说，你对我的爱是Complete and true的了。我只怨我真是无以对你，这，我只好报之于将来了。

我现在不顾一切往着这满是荆棘的道路上走去，去寻一点真实的发展，你不是常怨我跟你几年没有受着一些你的诗意的陶熔么？我也实在惭愧，真也辜负你一片至诚的心了，我本来一百个放心，以为有你永久在我身边，还怕将来没有一个成功么？谁知现在我只得独自奋斗，再不能得你一些相助了，可是我若能单独撞出一条光明的大路也不负你爱我的心了，愿你的灵魂在冥冥中给我一点勇气，让我在这生命的道上不感受到孤立的恐慌。我现在很决心的答应你从此再不张着眼睛做梦躺在床上乱讲，病魔也得最后与它决斗一下，不是它生便是我倒，我一定做一个你一向希望我所能成的一种人。我决心做人，我决心做一点认真的事业，虽然我头顶只见乌云，地下满是黑影，可是我还记得你常说"受苦的人没有悲观的权力"。一个人决不能让悲观的慢性病侵蚀人的精神，让厌世的恶质染黑人的血液。我此后决不再病（你非暗中保护不可），我只叫我的心从此麻木，不再问世界有恋情，人们有欢娱。我早打发我的心，我的灵魂去追随你的左右，像一朵水莲花拥扶着你往白云深处去缭绕，决不回头偷看尘间的作为，留下我的躯壳同生命来奋斗。到战胜的那一天，我盼你带着悠悠的乐声从一团彩云里脚踏莲花瓣来接我同去永久的相守，过吾们理想中的岁月。

一转眼，你已经离开了我一个多月了，在这段时间我也不知道是怎样过来的，朋友们跑来安慰我，我也不知道是说甚么好。虽然决心不生病，谁知一直到现在也没有离开过我一天。摩摩，我虽然下了天大的决心，想与你争一口气，可是叫我怎生受得了每天每时的悲念你的一阵阵心肺的绞痛。到现在有时想哭，眼泪干得流不出一点；要叫，喉中疼得发不出声。虽然他们成天的逼我一碗碗的苦水，也难以补得我心头的悲痛，怕的是我恹恹的病体再受不了那岁月的摧残。我的爱，你叫我怎样忍受没有你在我身边的孤单。你那幽默的灵魂为甚么这些日子也不给我一些声响？我晚间有时也叫了他们走开，房间不让有一点声音，盼你在人静时给我一些声响，叫我知道你的灵魂是常常环绕着我，也好叫我在茫茫前途感觉到一点生趣，不然怕死也难以支持下去了。摩！大大！求你显一显灵罢，你难道忍心真的从此不再同我说一句话了么？不要这样的苛酷了罢！你看，我这孤单一人影从此怎样去撞这艰难的世界？难道你看了不心痛么？你爱我的心还存在么？你为甚么不响？大！你真的不响了么？

①此文写于徐志摩去世后一个多月。原文载于《新月》月刊 1932 年第四卷第 1 期。

出版后记

1. 本书以陆小曼生前整理、交由上海良友图书印刷公司1936年出版的《爱眉小扎》版本为底本，同时增加了陆小曼1947年整理的《志摩日记》等内容，并在此基础上进行了一些增补。尽最大努力收集全面、完整的书信、日记文本和手稿。在此感谢鲁迅博物馆前副馆长陈漱渝先生的认真审校。

2. 这些文本、手稿大多写于20世纪二三十年代，鉴于当时民国时期的特殊情况，一些遣词造句、语法、表达习惯、人名地名之类的翻译等，与现在的写法、用法等有或多或少的差别。比如像和象、很和狠、那和哪、清帐和清账、希有和稀有、澈底和彻底、从新和重新、发见和发现、什么和甚么、化钱和花钱、冰其林和冰激凌、恢复和回复等，还有个别是作者的造字或者作者独特的语言表述习惯、口头禅等，还有一些系作者的笔误，如妈虎应为马虎、车箱应为车厢、血琳琳应为血淋淋，对于这些问题，在编辑过程中，我们尽量遵照手稿、文本的原貌，全部保留原汁原味，力图还原徐志摩手稿和文本的真面目。

3. 为了便于读者阅读，我们根据信或日记的内容，为每封信都加了一个标题；同时原来信中极个别实在太长的段落，审校者和编者经过再三斟酌，酌情对段落进行拆分，以增加阅读的节奏感和愉悦感。

4. 徐志摩和陆小曼当年来信的书信，还有日记等手稿留下的很多，但后来由于种种原因，遗失的不少。我们一直在致力于收集最全面、最完整的徐志摩陆小曼情书手稿，如果您手中有除了本书收入的之外的其他书信等手稿，烦请跟我们联系，不胜感谢！

中国青年出版社

中国青年智库论坛办公室

（新青年读物工作室）